Basic Operation for
SDL Trados Studio
2017

Chapter

佐藤一平 [著]

はじめに

このたびは本書「Basic Operation for SDL Trados Studio 2017」を手にしていただき、まことにありがとうございます。
2005年に英国のSDL Internationalに買収され、「SDL Trados Studio」となった本ソフトも今回でバージョン2017です。
機能もますます充実し、SDL社のHPの記載内容も工夫が凝らされています。

ですが、いまだに英語表記のままのページも多く、特定の日本語マニュアルも少ない状況で苦労されている方も多いのではないでしょうか。

必要だとわかっていても、さまざまな事情から導入できずにいる、または導入したものの、使いこなしているとは言い難い翻訳会社様や翻訳者様。

本書はそんな方々の負担を少しでも軽減することを目的としています。

もし本書が、みなさまのSDL Trados Studio 2017習得の一助となれば幸いです。
2017年　筆者

本書の読者対象

SDL Trados Studio 2017の基本的な操作方法を覚えたいという翻訳会社様、翻訳者様が対象です。
特にSDL Trados Studio 2017の習得に負担を感じている方、敷居の高さから導入に二の足を踏んでいる方に気軽にSDL Trados Studio 2017に触れていただけることを目的としています。

なお、あくまでも基本操作の習得を目的としていますので、それ以上の高度な操作については触れておりません。ご了承ください。

本書を読む上での前提となる知識

基本的なパソコンの操作をマスターしていることが前提となります。
本書ではWindows 7にインストールされたSDL Trados Studio 2017 Professionalを使用して解説を進めていきます。
高度な知識は必要ではありませんが、パソコン初心者向けの解説はしておりません。
フォルダの作成やファイルの場所、Microsoft Office製品の操作などをある程度理解している必要があります。

作業環境

Windows 7
SDL Trados Studio 2017 Professional
Microsoft Word 2007
Micorsoft Excel 2007

CONTENTS

01
chapter

SDL Trados Studio 2017
の概要

SDL Trados Studio 2017の概要紹介

SDL Trados Studio 2017の
概要紹介

「SDL Trados Studio 2017」の概要を紹介します。
ホーム画面からさまざまな機能にアクセスできるだけでなく、スタートガイドやニュースリリースなど、「SDL Trados Studio 2017」に関する情報へのリンクが用意されています。

SDL Trados Studio 2017
概要紹介

02

SDL Trados Studio 2017のホーム画面です。
[**ホーム**]タブでは[**パッケージを開く**]などの基本機能にすばやくアクセスすることができます。

01

SDL MultiTerm 2017 SDK
SDL MultiTerm 2017 Termbase Crea
SDL OpenExchange
SDL Trados Studio 2017
Release Notes
SDL AppStore
SDL Trados Studio 2017 Help
SDL Trados Studio 2017
SDL Trados Studio 2017 Apps
SDL Batch Find and Replace
Sdl Plugin Management
SDL TTX It!
SDL T-Window for Clipboard
SDL XLIFF Converter for Microsoft (

ミュージック
コンピューター
コントロール パネル
デバイスとプリンター
既定のプログラム
ヘルプとサポート

SDL Trados Studio 2017をインストールすると、上のようなフォルダが生成されます。「**SDL Trados Studio 2017**」**をクリック**してアプリケーションを起動します。

03

[**スタートガイド**]タブにはSDL Trados Studio 2017とSDL MultiTerm 2017の各種ツールのスタートガイドへのリンク一覧が表示されます。リンク先は動画サイトになっていて、各種ツールの基本的な使用方法を確認できます。

04

なお、[**スタートガイド**]タブ内にSDLのYoutubeチャンネル（https://www.youtube.com/user/sdltrados）へのリンクが用意されています。

05

SDLのYoutubeチャンネルにアクセスしました。さまざまな動画がアップされていますので、作業の参考になるかもしれません。ただし全面英語です。

06

[**その他のリソース**]タブにはさまざまな情報ガイドへのリンクが一覧表示されます。
ためしに[**リリースノート**]をクリックしてみます。

07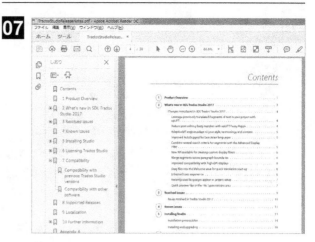

「**リリースノート**」がPDF形式で表示されます。ただし全編英語表記です。

08

[**ヘルプシステム**]と[**SDL Trados移行ガイド**]をそれぞれクリックしてみます。

09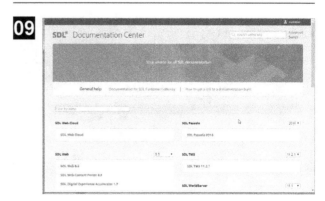

[**ヘルプシステム**]をクリックすると、「**SDL Documentation Center**」にアクセスされます。ただし全面的に英語表記です。

こちらは「**SDL Trados移行ガイド**」です。ただしバージョンは2011です。

[SDL AppStore]（http://appstore.sdl.com/）はSDLソフトウェアの機能拡張や開発者プログラムに参加するためのアプリストアです。

「**SDL AppStore**」（http://appstore.sdl.com/）にアクセスしました。ただしサイトは全面英語です。

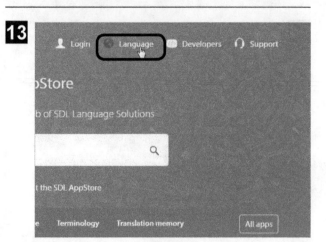

英語表記のサイトを日本語表記に変更します。画面右上の「**Language**」を**クリック**します。

使用可能な言語一覧が表示されますので、「**日本語**」を**クリック**します。

サイトが日本語表記に変わりました。

16

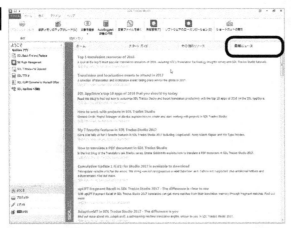

[**関連ニュース**]タブではSDL関連の話題を確認することができます。ただし全面英語です。

02 chapter

翻訳メモリを作成する

整合プロジェクトを新規に作成し、整合作業を実行する

過去の翻訳資産を活用して翻訳メモリを作成する「整合」ツールの使用方法をご紹介します。整合用の原文ファイル、訳文ファイルを用意して整合プロジェクトを新規作成し、実際の整合作業に入ります。

原文ファイルと訳文ファイルを用意する

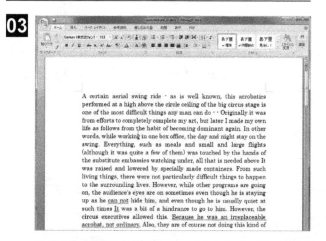

02

Google翻訳（**https://translate.google.com**）で英語に翻訳します。機械翻訳なので言い回しがおかしい部分が散見されますが、気にしないことにします。

01

まず原文ファイルを用意します。今回は**フランツ・カフカ**の**「最初の苦悩」**の冒頭部分を抜粋してWordファイルとして保存しました。

03

生成された翻訳文を訳文ファイルとして、Word形式で保存します。

SDL Trados Studio 2017 を起動する

整合プロジェクトを作成

01

SDL Trados Studio 2017を起動します。
「**SDL Trados Studio 2017**」 → 「**SDL Trados Studio 2017**」をクリックします。

01

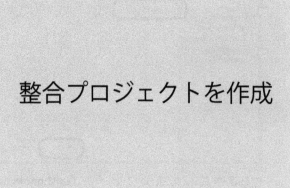

では、整合作業を行うためのプロジェクトを作成しましょう。[ホーム]リボン→[文書を整合]→ドロップダウンメニュー→[単一ファイルペアを整合]をクリックします。

02

SDL Trados Studio 2017のホーム画面が表示されます。

02

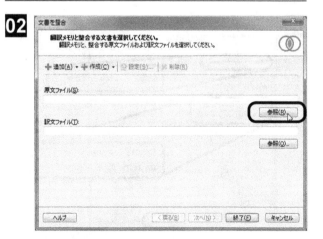

[**文書を整合**]ウィンドウが開きます。
まずは原文ファイルをプロジェクトに取り込みます。
[**原文ファイル**]欄の[**参照**]をクリックしましょう。

03
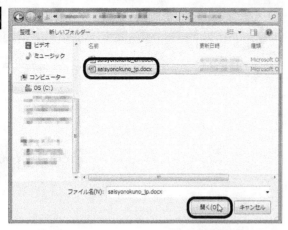

P.08で作成した原文ファイル「**saishonokuno_jp.docx**」を選択して[**開く**]を**クリック**します。

06

[**次へ**]を**クリック**します。

04

同様に[**訳文**]ファイル欄の[**参照**]から訳文ファイル「**saishonokuno_en.docx**」を取り込みました。
続いて翻訳メモリを作成します。[**作成**]→[**新しいファイル共有タイプの翻訳メモリ**]を**クリック**しましょう。

07

[**終了**]を**クリック**します。

05

[**名前**]欄に翻訳メモリのファイル名（**saisyonokuno_jp-en**）を入力、[**原文言語**]欄で原文言語（**Japanese(Japan)**）、[**訳文言語**]欄で訳文言語（**English(United States)**）を選択して[**次へ**]を**クリック**します。

08

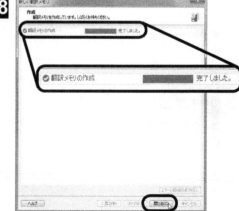

[翻訳メモリの作成]バーが伸びて「**完了しました**」と表示されたことを確認して、[**閉じる**]を**クリック**します。

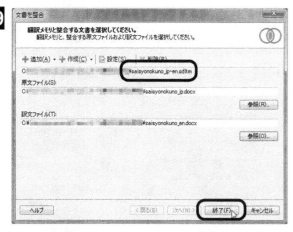

09

[文書を整合]ウィンドウに戻ります。作成した翻訳メモリ（「**saishonokuno_jp-en.sdltm**」）が表示されていることを確認して**[終了]**を**クリック**します。

01

未確定状態でリンクされた分節にはそれぞれステータスがあり、線の色で区別されます。ステータスは分節の上にカーソルを合わせることで確認できます。黄色の点線は「**整合結果の評価が平均の分節**」です。

10

ファイルの整合が正常に終了すると、上のような画面が表示されます。左側に原文、右側に訳文の並びで分節ごとに区切られ、隣り合う分節同士が点線（未確定状態）でつながれています。

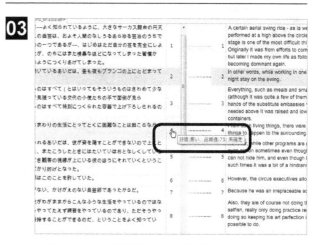

02

緑色の点線は「**整合結果の評価が良い分節**」です。

実際の整合作業

03

赤色の点線は「**整合結果の評価が悪い分節**」です。

04

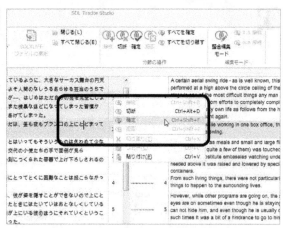

では「**整合**」ツールでの作業をご紹介していきます。
未確定状態でリンクされている分節を選択し、**右ク
リック→[確定]をクリック**すると、点線が実線に変わ
り分節のリンクが確定されます。

05

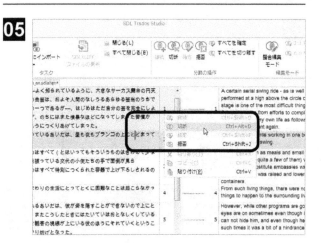

リンクを削除する場合は、削除したい分節を選択し、
右クリック→[削除]をクリックします。

06

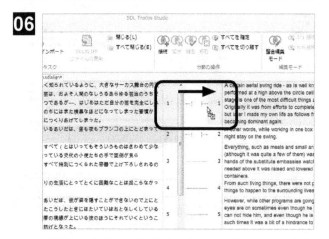

切断された分節を再びリンクするには、リンクした
い分節を選択した状態のまま、**リンク先の分節にド
ラッグ**します。

07

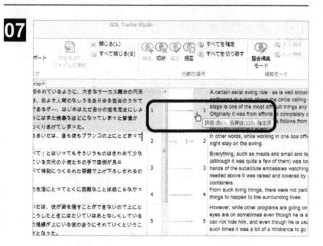

分節がリンクされました。
なお、ドラッグでリンクするとステータスは必ず「**評
価:良い、品質値:100、確定済**」でリンクされます。

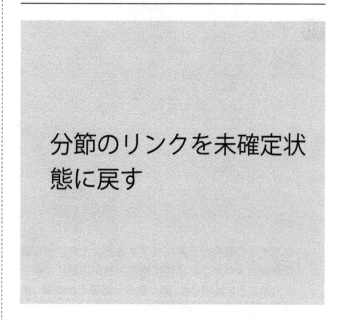

分節のリンクを未確定状
態に戻す

01

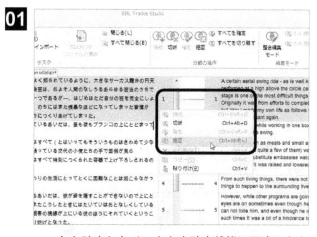

いったん確定したリンクを未確定状態に戻すことも
できます。確定済みの分節を選択した状態で**右クリッ
ク→[拒否]をクリック**します。

02

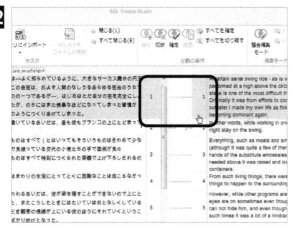

未確定状態（点線）に戻りました。
なお、一度確定したものを未確定に戻した場合、点線の色は必ず緑色となり、ステータスは[**良い**]になります。

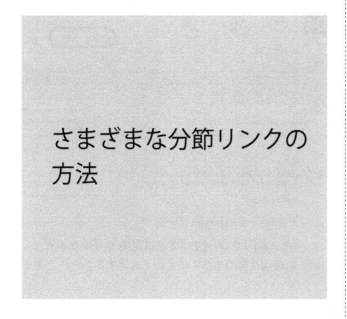

さまざまな分節リンクの方法

01

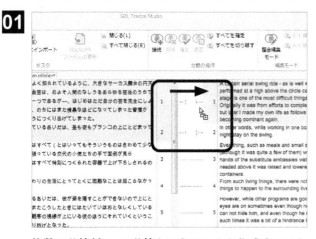

複数の分節対1つの分節というリンクを作成することも可能です。
Shiftキーを押して原文分節の1、2番目を同時に選択した状態で、訳文分節の1番目までドラッグします。

02

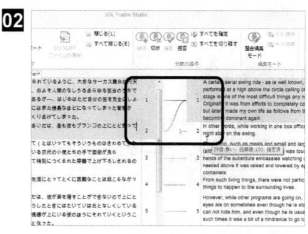

1、2番目の原文分節が、1番目の訳文分節に同時にリンクされました。

03

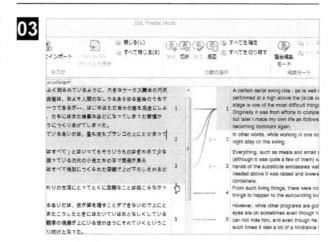

1つの分節には、最大で3つの分節をリンクすることが可能です。

04

原文と原文の分節を交差させてリンクすることも可能です。

一括解除や一括リンク

[ホーム]リボン→[再整合]をクリックすると、再度分節が自動的に整合されます。

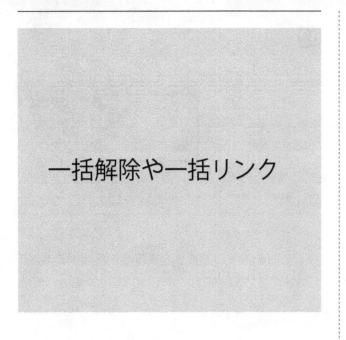

[ホーム]リボン→[すべてを切り離す]をクリックすると、確定、未確定問わずすべての分節のリンクを一括で削除することができます。

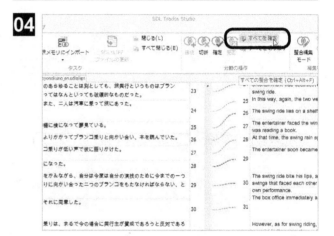

[ホーム]リボン→[すべてを確定]をクリックすると、未確定状態のすべての分節を確定することができます。

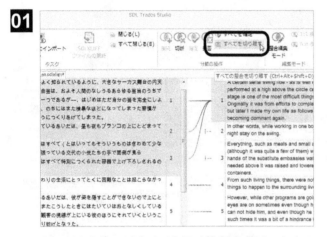

すべてのリンクが削除されました。

すべてのリンクが確定されました。

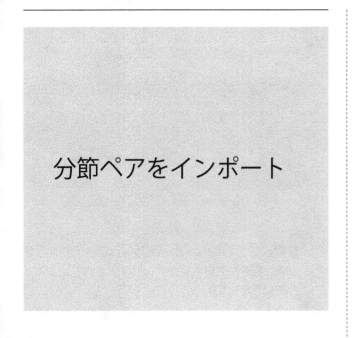

分節ペアをインポート

03

完成した分節ペアを、P.11で作成した「空の翻訳メモリ」へインポートします。**[ホーム]リボン→[翻訳メモリにインポート]→[詳細インポート]をクリック**します。

01

整合作業が一通り終わったら、とりあえず整合プロジェクトを保存しておきましょう。
[ホーム]リボン→[保存]→[保存]をクリックします。

04

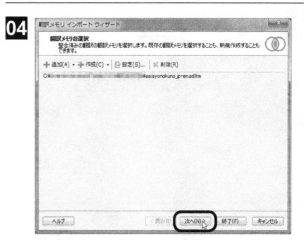

[翻訳メモリインポートウィザード]ウィンドウが開きます。インポート先の翻訳メモリが表示されていることを確認して**[次へ]**をクリックします。

02

保存先のフォルダを選択してファイル名を入力し、
[保存]をクリックします。
なお、整合プロジェクトの拡張子は「**.sdlalign**」です。

05

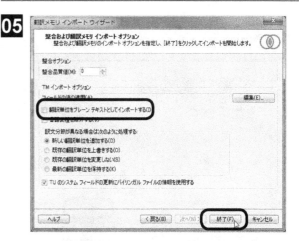

TMインポートオプションを指定して**[終了]をクリック**します。なお、分節の文字属性を削除したい場合は**[翻訳単位をプレーンテキストとしてインポートする]**にチェックを入れます。

インポートが正常に完了すると右のウィンドウが表示されます。**[OK]をクリック**して閉じます。

翻訳メモリ「**saishonokuno_jp-en.sdltm**」が開きました。整合ペアの内容がインポートされていることが確認できました。

念のために、分節ペアが正常に登録されているかを確認してみます。
[翻訳メモリ]ビューに移動して**[ホーム]リボン→[開く]→[翻訳メモリを開く]をクリック**します。

作業が終了したら**[整合]**ビューに戻り、右上の**[文書を閉じる]をクリック**して開いている整合プロジェクトを閉じます。

該当の翻訳メモリ（今回は「**saishonokuno_jp-en.sdltm**」）を選択して**[開く]をクリック**します。

SDLXIFFファイルを「エディタ」ビューで整合する

「整合」ツールで整合がうまくいかない場合、整合プロジェクトをSDLXLIFF形式で書き出し、[エディタ]ビュー上で整合し直すことが可能です。ここでは、「整合」ツールからSDLXLIFF形式での書き出し、[エディタ]ビューでの整合作業までの手順をご紹介します。

SDLXIFF形式で保存する

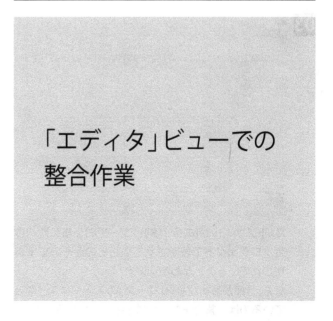

02 保存するフォルダを選択し、ファイル名を入力して[保存]をクリックします。

01 まずは整合プロジェクトをXLIFFファイルに保存します。[ホーム]リボン→[保存]→[SDLXLIFFを保存]をクリックしてプロジェクトをXLIFF形式で保存します。

「エディタ」ビューでの整合作業

01

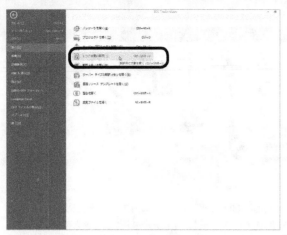

次は保存したXLIFFファイルを[エディタ]ビューで開きます。[ファイル]→[開く]→[1つの文書の翻訳]をクリックします。

02

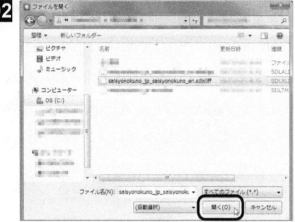

整合プロジェクトから保書き出したXLIFFファイルを選択して[開く]をクリックします。なお、拡張子は「.sdlxliff」になります。

03

XLIFFファイルが[エディタ]ビューで開きました。整合プロジェクトで表示されていたものがそのまま再現されていることがわかります。
なお、分節が最初から「**リリース**」のステータスとなっているのは、整合をあらかじめ確定したためです。

04

では実際の整合作業です。
まずは分節を分割してみます。原文分節の**分割したい位置にカーソルを移動し、右クリック→[分節の分割]をクリック**します。

05

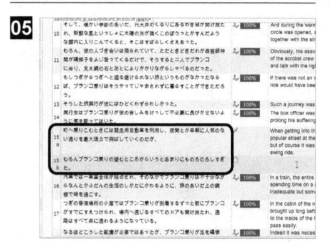

分節が分割されました。

06

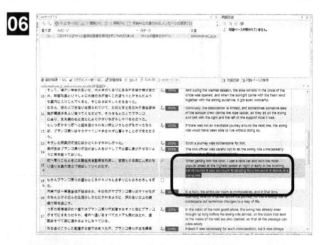

訳文分節側に新しく空白の分節ができています。実際の翻訳作業ではこの部分に翻訳を入力していくことになります。今回は上の分節から該当部分をコピーします。

07

空白の訳文分節に翻訳文を入力（今回は上の分節から
コピー）しました。

分節を結合する

08

[ホーム]リボン→[確定]をクリックして分節を確定し
ます。

01

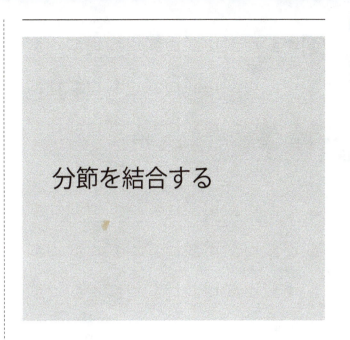

続いて分節を結合する方法です。
結合したい分節を**Shift**キーを押しながら選択しま
す。そのまま**右クリック→[分節の結合]をクリック**し
ます。

09

アイコンが ✎ に変わり、分節が確定されました。

02

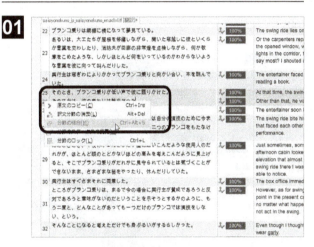

分節が結合されました。

03

原文分節が結合されたことによって、訳文分節も自動的に結合されました。

02

訳文分節が消去されました。

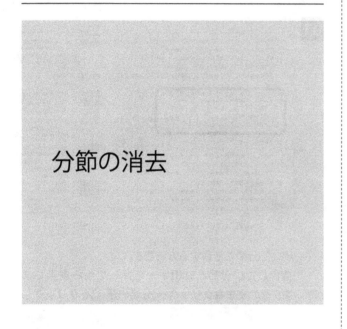

分節の消去

メインの翻訳メモリを
更新する

01

不要な分節を消去します。
消去したい訳文分節を選択し、**右クリック→[訳文分節の消去]をクリック**します。

01

では作成した翻訳メモリにXLIFFファイルの内容を保存します。
[ホーム]リボン→[一括タスク]→[メインの翻訳メモリの更新]をクリックします。

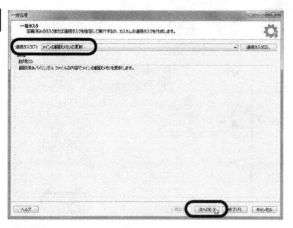

02

[一括処理]ウィンドウが表示されます。
[連続タスク]欄で[メインの翻訳メモリの更新]が選択
されていることを確認して[次へ]をクリックします。

05

[翻訳メモリと自動翻訳]欄にある[使用]→[ファイル
共有タイプの翻訳メモリ]をクリックします。

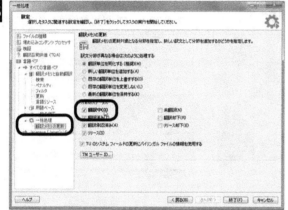

03

[翻訳メモリの更新]欄の[翻訳中]にチェックを入れて
[終了]をクリックします。これで、**ステータスが未確
定の分節ペアも翻訳メモリに登録される**ことになり
ます。

06

使用する翻訳メモリを選択して[開く]をクリックし
ます。

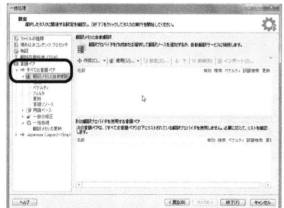

04

続いて保存する翻訳メモリを選択します。[**すべての
言語ペア]→[翻訳メモリと自動翻訳]**を選択します。

07

[名前]欄に選択した翻訳メモリが表示されているこ
とを確認して[終了]をクリックします。

08

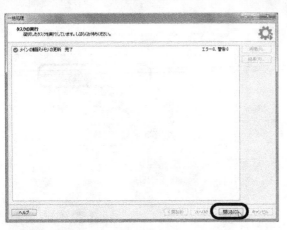

[メインの翻訳メモリの更新]が正常に完了したこと
を確認して[閉じる]をクリックします。

09

上のウィンドウが表示されます。
特に開く必要はないので[いいえ]をクリックして閉
じます。

10

作成した翻訳メモリに分節ペアが正常に登録されて
いるかを確認してみます。
[翻訳メモリ]ビューに移動して[ホーム]リボン→[開
く]→[翻訳メモリを開く]をクリックします。

11

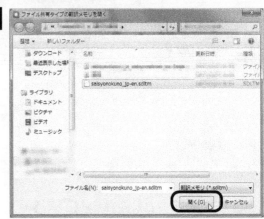

該当の翻訳メモリ（今回は「**saishonokuno_jp-en.
sdltm**」）を選択して[**開く**]を**クリック**します。

12

翻訳メモリ「**saishonokuno_jp-en.sdltm**」が開きま
した。整合プロジェクトの内容が登録されているこ
とが確認できました。

03
chapter

用語ベースを作成する

Excelファイルから用語ベースを新規作成する

ここでは「用語集がExcelファイルで支給された」と仮定して、Excelファイルから用語ベースを作成する手順をご紹介します。「SDL MutliTerm 2017 Convert」を使用してExcelファイルをMultiTermにインポートできる形式にコンバートし、そのファイルを「SDL MutliTerm 2017」にインポートするという手順になります。

用語ベース用のExcelファイルを用意する

> **! POINT**
> **Excelの1列目は必ずタイトル列に!!**
>
> Excelファイルで用語集が支給された場合、必ず1列目をタイトル列としてください。1列目がタイトル列になっていないと、「SDL MutliTerm 2017 Convert」でのコンバートがうまくいきませんのでご注意ください。今回は日本語列を「jp」、英語列を「en」としています。

01 前章のWordファイル「**saishonokuno_jp.docx**」から適当に単語をピックアップし、Google翻訳（**https://translate.google.co.jp/**）で英語に機械翻訳しました。

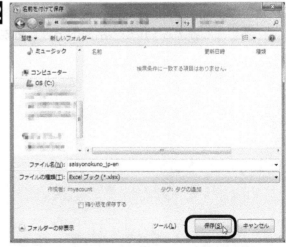

02 用語集用のExcelファイルにファイル名を入力（今回は「**saisyonokuno_jp-en.xlsx**」）して保存します。

SDL MultiTerm 2017 Convert

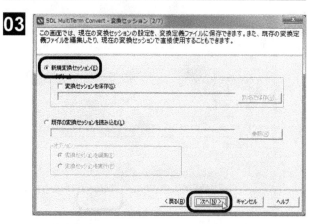

03 [新規変換セッション]にチェックが入っていることを確認して**[次へ]をクリック**します。

01 **[スタート]→[すべてのプログラム]→[SDL MultiTerm 2017]→[SDL MultiTerm 2017 Convert]をクリック**して「**SDL MultiTerm 2017 Convert**」を**起動**します。

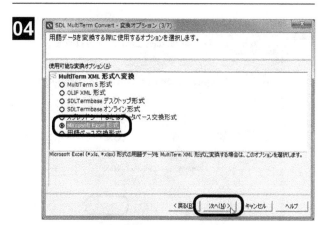

04 **[使用可能な変換オプション]**欄の中から変換オプションを選択します。今回は元データがExcelなので、**[Microsoft Excel形式]**にチェックを入れて**[次へ]をク**リックします。

02 ウィザードが起動します。**[次へ]をクリック**します。

05 用意したExcelファイルを取り込みます。**[入力ファイル]**欄の**[参照]をクリック**します。

06

Excelファイル「**saishonokuno_jp-en.xlsx**」を選択して[**開く**]を**クリック**します。

07

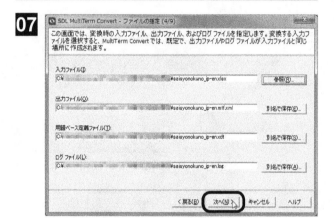

各項目[**入力ファイル**]、[**出力ファイル（.xml）**]、[**用語ベース定義ファイル（.xdt）**]、[**ログファイル（.log）**]に選択したExcelファイルのファイル名が、拡張子違いで表示されていることを確認して[**次へ**]を**クリック**します。

08

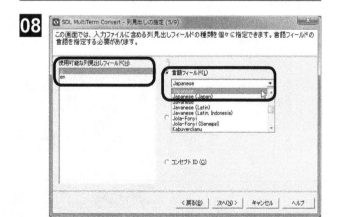

[**使用可能な列フィールド**]欄にExcelファイルの1列目に入力したタイトル（jp、en）が表示されています。「**jp**」を選択した状態で[**言語フィールド**]欄の言語一覧から「**Japanese**」を選択します。

09

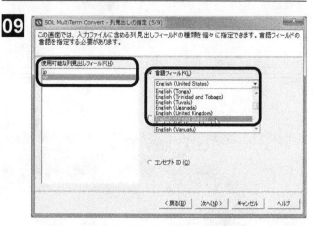

続いて「**en**」を選択した状態で[**言語フィールド**]欄の言語一覧から「**English(United States)**」を選択します。

10

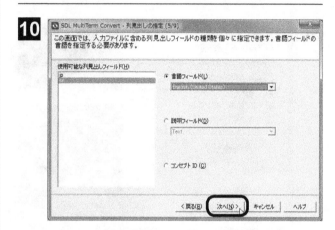

各フィールドを選択したら[**次へ**]を**クリック**します。

11

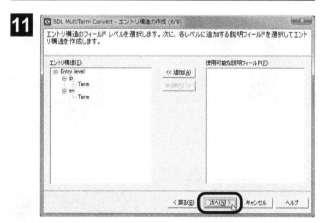

[**次へ**]を**クリック**します。

12

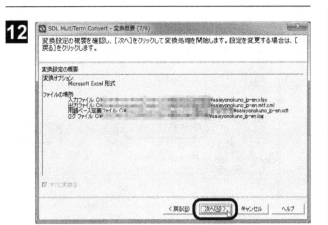

[次へ]をクリックします。

SDL MultiTerm 2017で
用語ベースを作成

13

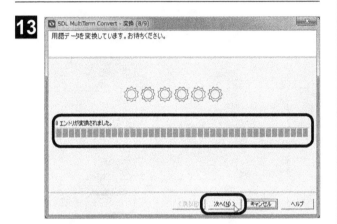

正常にコンバートが完了したことを確認して[次へ]
をクリックします。

01

[スタート]→[すべてのプログラム]→[SDL MultiTerm
2017]→[SDL MultiTerm 2017 Desktop]をクリックし
て「SDL MultiTerm 2017 Desktop」を起動します。

14

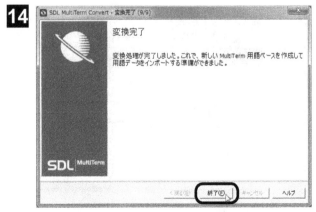

コンバートが正常に終了すると[変換完了]ウィンド
ウが表示されます。[終了]をクリックしてウィンドウ
を閉じます。

02

[ファイル]をクリックします。

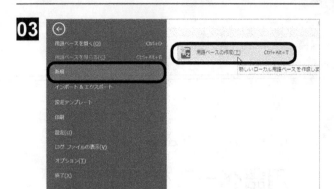

[新規]→[用語ベースの作成]をクリックします。

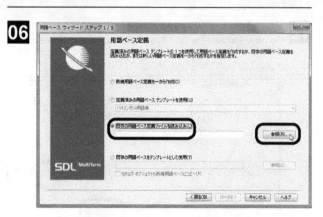

[既存の用語ベース定義ファイルを読み込み]欄に
チェックを入れて[参照]をクリックします。

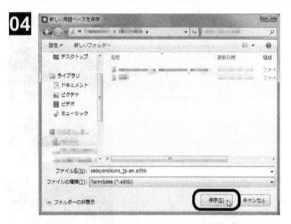

用語ベースを保存するフォルダを選択し、ファイル
名（今回は「saisyonokuno_jp-en.sdltb」）を入力し
て[保存]をクリックします。

P.25で作成した用語ベース定義ファイル（今回は
「saisyonokuno_jp-en.xdt」）を選択して[開く]をク
リックします。

[用語ベースウィザード]が起動します。[次へ]をク
リックして進みます。

選択した用語ベース定義ファイルが[既存の用語ベー
ス定義ファイルを読み込み]欄に表示されていること
を確認して[次へ]をクリックします。

用語ベースの[表示名]を入力（今回は「saisyonokuno_jp-en」）して[次へ]をクリックします。

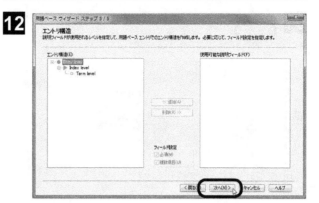

[次へ]をクリックします。

[次へ]をクリックします。

[ウィザード完了]ウィンドウが表示されます。[終了]をクリックしてウィザードを終了してください。これで空の用語ベース「saisyonokuno_jp-en.sdltb」が作成されました。

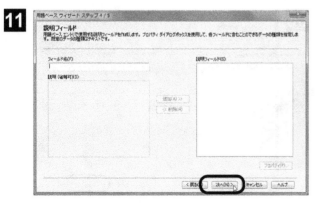

[次へ]をクリックします。

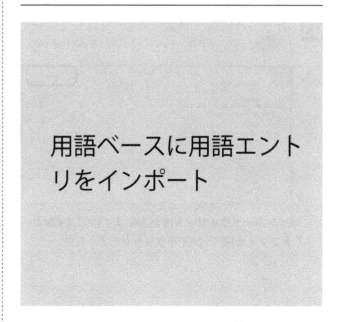

用語ベースに用語エントリをインポート

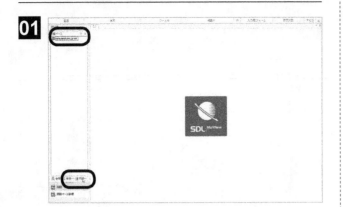

01

作成した用語ベースに用語エントリをインポートしていきます。
まずは[ホーム]に戻り、[用語]タブをクリックして作成した用語ベースが表示されていることを確認します。

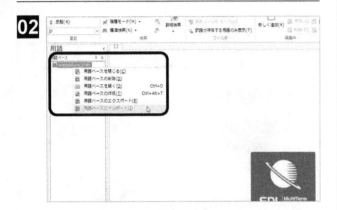

02

表示されている用語ベース（「**saishonokuno_jp-en.sdltb**」）を**右クリック→[用語ベースにインポート]を**クリックします。

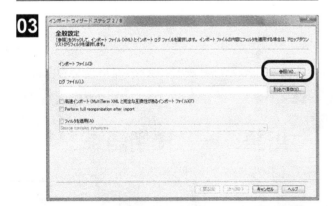

03

[インポートウィザード]が起動しますので、[インポートファイル]欄の[参照]をクリックしてください。

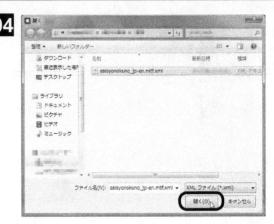

04

インポートする用語エントリファイル（今回は「saishonokuno_jp-en.mtf.xml」）を選択して[開く]をクリックします。

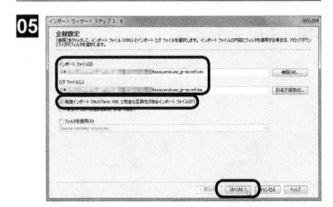

05

[インポートファイル]欄と[ログファイル]欄に選択したファイル名が表示されていることを確認し、[高速インポート（MultiTerm XMLと完全な互換性があるインポートファイル）]にチェックを入れて[次へ]をクリックします。

06

[次へ]をクリックします。

07

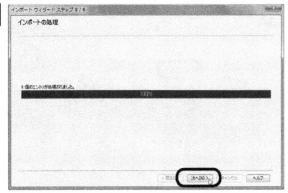

インポートが実行されます。
進捗バーが最後まで伸びたことを確認して**[次へ]を**
クリックします。

用語エントリを変更する

08

インポートが正常に終了すると**[ウィザード完了]**
ウィンドウが表示されますので、**[終了]をクリック**し
て終了させてください。

01

続いてインポートした用語エントリを編集する方法
をご紹介していきます。
左上にある**[反転]をクリック**すると、原文言語と訳文
言語の表示（Excelファイルの1列目に入力した「jp」
と「en」）を反転することができます。

09

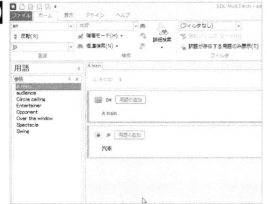

用語ベースに用語エントリがインポートされました。

02

次は登録された用語エントリを変更する方法です。
一覧から変更したい用語エントリを選択し、用語の
右にある をクリックします。

03

エントリフィールドが入力可能になりますので、新しい用語を入力します（ここでは「A train」→「**Train**」としました）。
入力が終わったら、エントリーフィールドの右にある☑をクリックします。

04

用語エントリが変更されました。

既存の用語エントリに用語を追加／削除する

01

続いて既存の用語エントリに新しく用語を追加する方法です。
追加したいエントリを選択し、用語の追加をクリックします。

02

エントリーフィールドが生成されますので、新しい用語を入力します（ここでは「**A train**」と入力しました）。
入力が終わったら、エントリーフィールドの右にある☑をクリックします。

03

用語エントリを削除するには、ウィンドウの右側にある用語の削除をクリックします。

04

先ほど追加した用語エントリが削除されました。

02

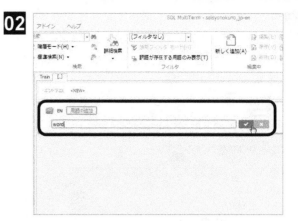

空の入力フィールドが開きますので、フィールドに
新しい用語を入力し、**■をクリック**して確定します
（言語「**EN**」に「**word**」と入力しました）。

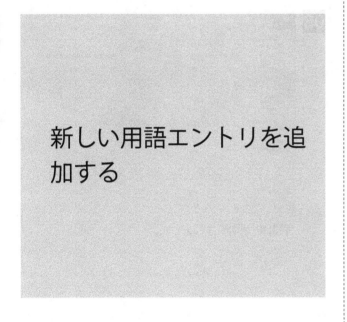

新しい用語エントリを追加する

03

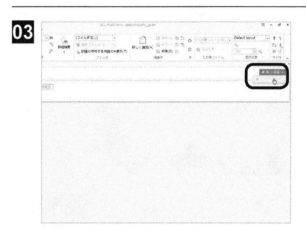

ウィンドウの右側にある ■新しい言語 ■ を**プルダウン**して
■JP ■ を**クリック**します。

01

次は新しく用語エントリを追加する方法です。
[ホーム]→[新しく追加]をクリックします。

04

言語「**JP**」のエントリーフィールドが開きますので、
該当する用語（今回は「**言葉**」）を入力し、**■をクリッ
ク**して確定します。

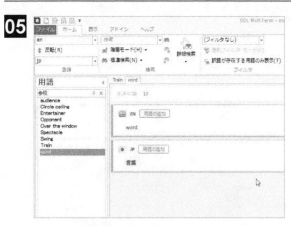

05 新しい用語エントリが追加されました。

02 上のウィンドウが表示されますので[OK]をクリックします。

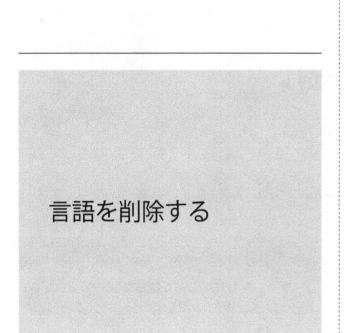

言語を削除する

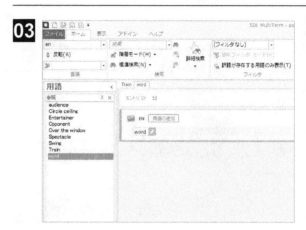

03 言語[JP]が削除されました。

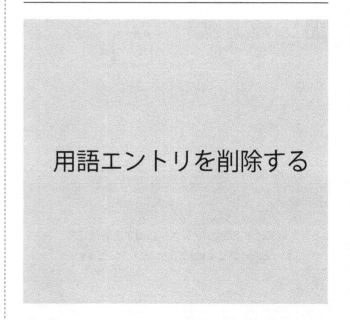

01 言語を削除するにはウィンドウの右側にある **をクリック**します。

用語エントリを削除する

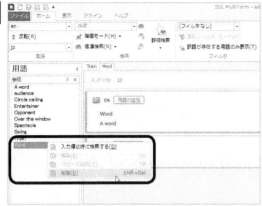

最後は用語エントリを削除する方法です。
用語エントリの一覧から削除するエントリ（ここで
は「**word**」）を選択した状態で**右クリック→[削除]を
クリック**します。

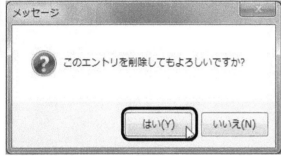

[このエントリを削除しますか?]というアラートが出
ますので**[はい]をクリック**します。

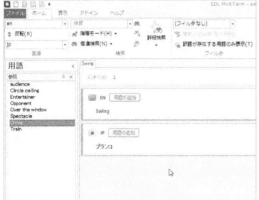

選択した用語エントリが削除されました。

04
chapter

実際の翻訳作業の流れ

翻訳プロジェクトを
新規作成する

前章までで翻訳プロジェクト作成に必要なファイル（翻訳メモリ、用語ベース）が用意できました。
いよいよ実際の翻訳作業を進めるための「翻訳プロジェクト」を新規作成します。
なお、翻訳言語は原文言語を「日本語」、訳文言語を「アメリカ英語」とし、翻訳対象ファイルはWordファイル（.docx）
を使用します。

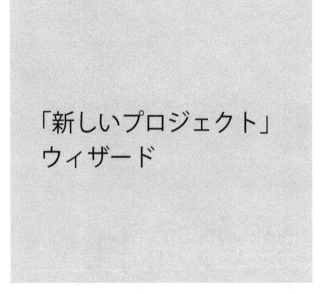

「新しいプロジェクト」
ウィザード

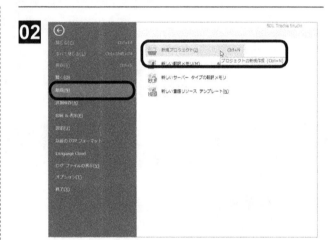

02

「**SDL Trados Studio 2017**」を起動し、プロジェクト
を新規作成します。
[ファイル]→[新規]→[新規プロジェクト]をクリック
します。

01

プロジェクト作成に必要なファイルを確認します。
・原文ファイル「**saisyonokuno_jp.docx**」（2章で作成）
・翻訳メモリ「**saisyonokuno_jp-en.sdltm**」（2章で作成）
・用語ベース「**saisyonokuno_jp-en.sdltb**」（3章で作成）

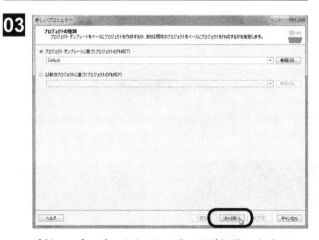

03

[新しいプロジェクト]ウィザードが起動しますので、
[次へ]をクリックします。

04

[名前]欄にプロジェクト名を入力（今回は
「**saisyonokuno_jp-en**」し、[**場所**]欄の[**参照**]を**クリッ
ク**してプロジェクトを保存するフォルダを選択しま
す。

05

保存フォルダを選択して[**フォルダーの選択**]を**ク
リック**します。

06

保存フォルダを**選択すると、保存先フォルダの末尾
に**プロジェクトと同名のフォルダが作成されます。
もし自動でフォルダが作成されない場合は手入力し
ます。入力したら[**次へ**]を**クリック**します。

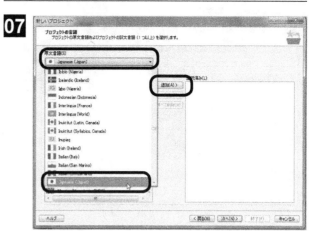

07

[**原文言語**]の一覧から言語を選択します。今回の原文
言語は日本語なので、[**Japanese (Japan)**]を選択し、
[**追加**]を**クリック**します。

08

続いて[**訳文言語**]です。
今回の訳文言語は英語なので、言語一覧から[**English
(United States)**]を選択し、[**追加**]を**クリック**します。
選択後、[**次へ**]を**クリック**します。

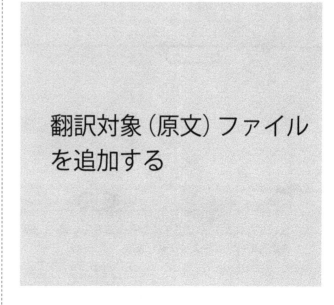

翻訳対象（原文）ファイル
を追加する

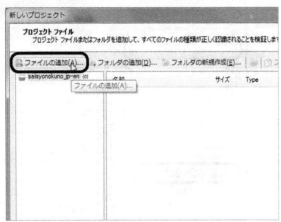

01 プロジェクトに翻訳対象ファイルを追加します。
[ファイルの追加]をクリックしましょう。

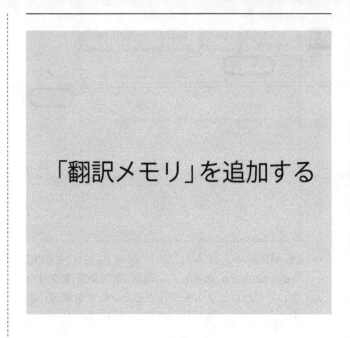

「翻訳メモリ」を追加する

02 翻訳対象ファイル（「**saisyonokuno_jp.docx**」）を選択して**[開く]をクリック**します。
なお、この画面で**Shift**キーを押しながら**複数の翻訳対象ファイルを選択**することもできます。

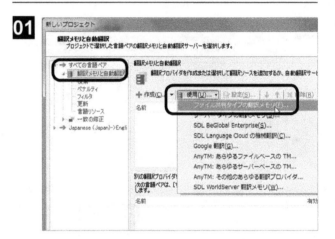

01 プロジェクトに翻訳メモリを追加します。
[翻訳メモリと自動翻訳]欄の[追加]→[ファイル共有タイプの翻訳メモリ]をクリックします。

03 選択した翻訳対象ファイルが表示されていることを確認して**[次へ]をクリック**します。

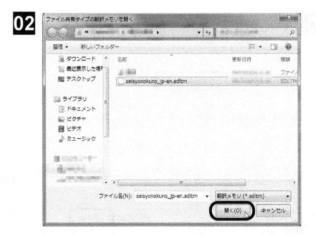

02 追加する翻訳メモリ（ここでは「**saisyonokuno_jp-en.sdltm**」）を選択して**[開く]をクリック**します。
なお、この画面で**Shift**キーを押しながら複数の翻訳メモリを選択することも可能です。

03

選択した翻訳メモリが表示されていることを確認して[次へ]をクリックします。

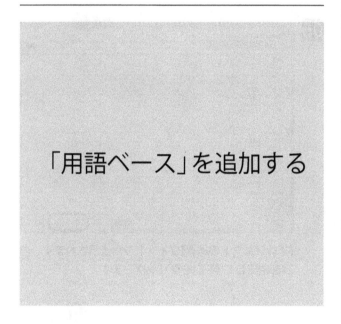

「用語ベース」を追加する

01

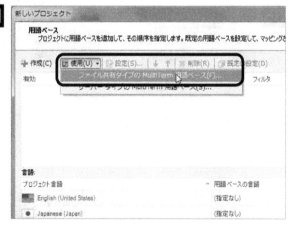

次はプロジェクトに用語ベースを追加します。
[使用]→[ファイル共有タイプのMultiTerm用語ベース]をクリックします。

02

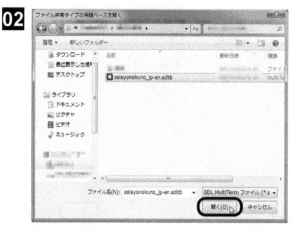

追加する用語ベース（ここでは「**saisyonokuno_jp-en.sdltb**」）を選択して[**開く**]を**クリック**します。
なお、この画面で**Shift**キーを押しながら複数の用語ベースを選択することも可能です。

03

選択した用語ベースが一覧表示されます。ファイル名を確認して[**次へ**]を**クリック**します。

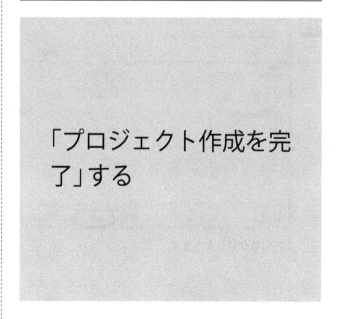

「プロジェクト作成を完了」する

01

[SDL完全一致]が表示されます。過去に翻訳されたバイリンガルファイルがあれば、画面左の[追加]をクリックして取り込み過去の訳文を完全一致として抽出できます。今回はそのまま[次へ]をクリックします。

02

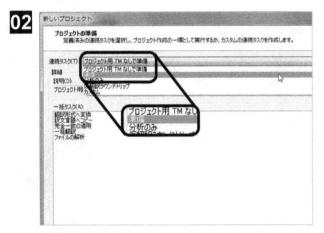

[連続タスク]欄では[プロジェクト用TMなしで準備]が選択されています。今回はプロジェクト用翻訳メモリを新たに生成したいので、[準備]を選択します。

03

[次へ]をクリックします。

04

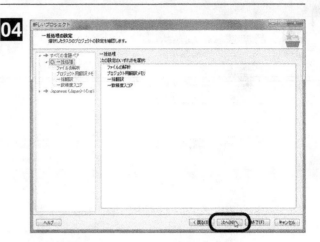

[一括処理]される内容が一覧表示されるので、内容を確認して[次へ]をクリックします。

05

[プロジェクトの概要]ウィンドウが表示されます。内容を確認して[終了]をクリックします。

06

[プロジェクトの準備]が実行されます。連続タスクの処理が順番に行われますので、すべての項目が[完了]したことを確認して[閉じる]をクリックします。

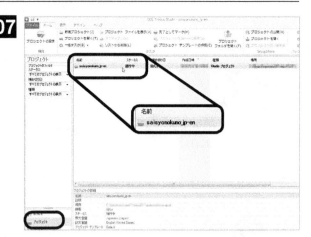

新規プロジェクト「**saisyonokuno_jp-en**」が作成されました。[**プロジェクト**]ビューに移動して、プロジェクト名が表示されていることを確認します。

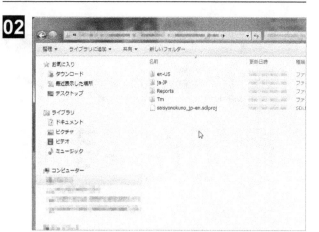

プロジェクトフォルダを開きました。「**saisyonokuno_jp-en.sdlproj**」ファイルがプロジェクトの本体です。なお、新たに生成されたプロジェクト用翻訳メモリは[**Tm**]フォルダに入っています。

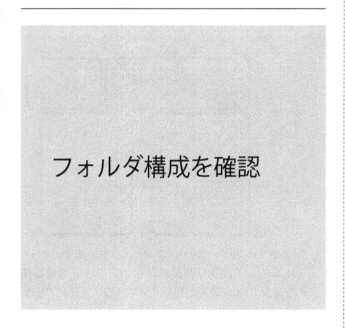

[**Tm**]フォルダ→[**en-US**]フォルダ内に翻訳メモリ「**saisyonokuno_jp-en_aisyonokuno_jp-en.sdltm**」が入っています。

プロジェクトフォルダ「**saisyonokuno_jp-en**」が作成されていることを確認します。

第一階層の[**en-US**]フォルダ内には翻訳用のXLIFFファイル「**saisyonokuno_jp-en.sdlxliff**」が入っています。

「エディタ」ビューでの翻訳作業手順

翻訳プロジェクトが新規作成されました。
ここからは「エディタ」ビューを使用しての作業手順をご紹介していきます。
実際の翻訳作業は登録した翻訳メモリから翻訳単位を挿入、用語ベースから用語エントリを挿入して進めていきます。

「エディタ」ビューでの翻訳作業

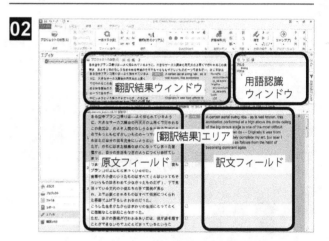

02

[**エディタ**]ビューでXLIFFファイルが開きます。
作業エリアは主に**翻訳結果ウィンドウ**と**用語認識ウィンドウ**、[**翻訳結果**]エリアの3つに分かれています。

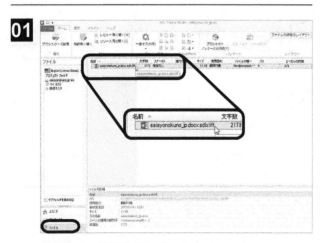

01

では実際の翻訳作業に進みます。
[**ファイル**]ビューを表示して、該当のXLIFFファイル
（ここでは「**saisyonokuno_jp-en.sdlxliff**」）をダブルクリックします。

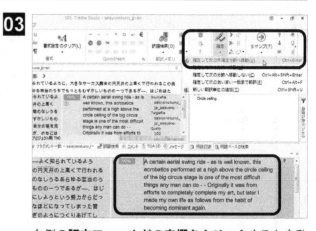

03

右側の**訳文フィールドの空欄をクリック**すると自動的に翻訳メモリが検索され、マッチ率の最も高い翻訳単位が挿入されます。内容に問題がなければ[**確定**]→[**確定して次の未確定分節へ移動**]をクリック（**Ctrl + Enter**）して分節を確定します。

用語ベースから用語エントリを挿入

03

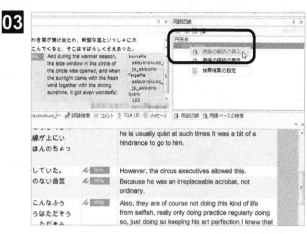

[訳文フィールド]上の「**circle**」を選択した状態で、
用語認識ウィンドウにカーソルを移動します。
該当の用語「**Circle ceiling**」を右クリック→[**用語の
翻訳の挿入**]をクリックします。

01

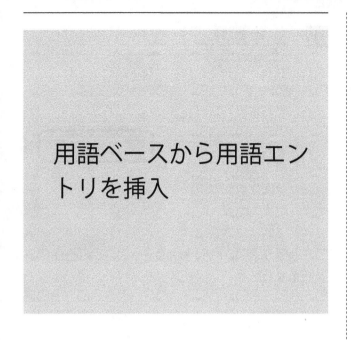

用語ベースから用語エントリを挿入する手順です。
挿入された翻訳単位内に、用語ベースに登録されて
いる用語が見つかると、該当の用語が赤の上線で強
調表示されます。同時に**用語認識ウィンドウ**にその
用語が表示されます。

04

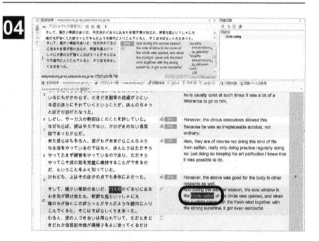

正しい用語「**Circle ceiling**」が挿入されました。分
節を確定（**Ctrl+Enterキー**）して次に進みます。

02

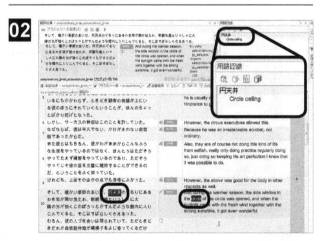

挿入された翻訳単位では、「**円天井**」の訳が「**circle**」
となっています。ですが、用語ベースには「**Circle
ceiling**」で登録されています。これは修正する必要
があります。

05

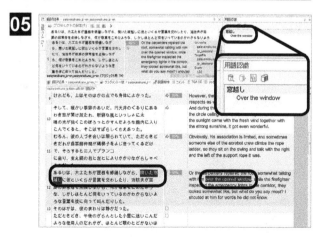

ここでも「**開いた窓越し**」の訳が「**over the opened
window**」となっていますが、用語ベースには「**Over
the window**」で登録されていますので、修正する必
要があります。

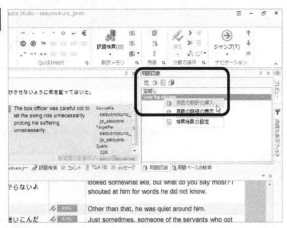

[訳文フィールド]上の「**over the opened window**」を選択した状態で**用語認識ウィンドウ**に移動し、該当の用語「**Over the window**」を右クリック→[**用語の翻訳の挿入**]をクリックします。

原文をコピーする

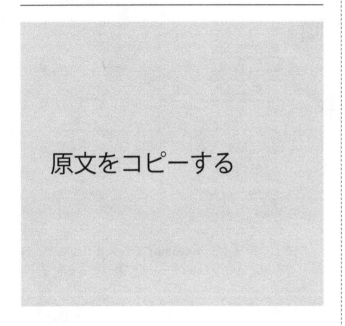

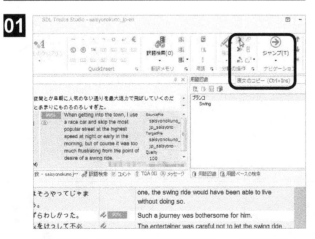

翻訳作業中、暫定的に原文を訳文フィールドにコピーすることができます。
[**ホーム**]タブ→[**原文のコピー**]をクリックします。

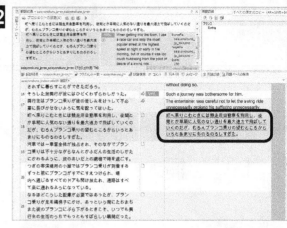

原文フィールドの文章が訳文フィールドにコピーされました。

「訳文のみで保存」する

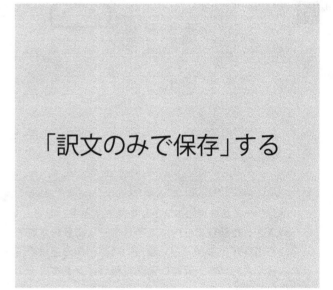

一通り翻訳作業が終わったら、翻訳対照ファイルを**「訳文のみで保存」**しましょう。
[**ファイル**]リボンをクリックし、[**別名（訳文のみ）で保存**]をクリックします。

02

保存先フォルダを選択し、ファイル名を入力（今回
は「**saisyonokuno_jp.docx**」のまま）して**[保存]を
クリック**します。
なお、保存先のフォルダはデフォルトのままですと、
プロジェクトフォルダ内の**[en-US]（訳文言語名）**フォ
ルダが選択されます。

ステータスを「完了」とする

03

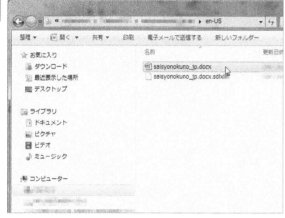

訳文ファイル「**saisyonokuno_jp.docx**」が保存され
ました。

01

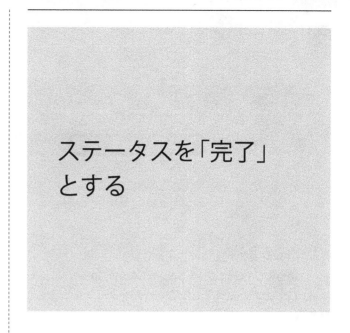

翻訳済みプロジェクトの**ステータスを「完了」**に変
更します。
[エディタ]ビューですべての分節が「**翻訳済み**」であ
ることを確認し、開いている文書を閉じます。**[翻訳
作業]**エリアの右上にある✕**をクリック**します。

04

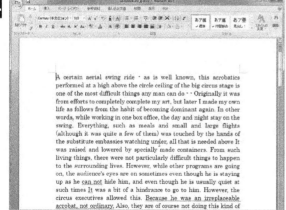

生成された訳文ファイルを開いて確認してみます。
ちゃんと英語版として保存されていることがわかり
ます。

02

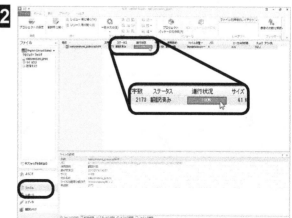

[ファイル]ビューに移動し、XLIFFファイルを表示し
ます。
[ステータス]が**[翻訳済み]**、**[進行状況]**が**[100%]**であ
ることを確認します。

03

[プロジェクト]ビューに移動します。
該当のプロジェクト「**saisyonokuno_jp-en**」の上で
右クリック→[完了としてマーク]をクリックします。

04

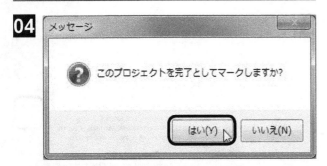

[はい]をクリックします。

05

プロジェクトのステータスが**[完了]**に変わりました。

05
chapter

SDL Trados Studioの
使い方あれこれ

第
05
章

SDL Trados Studioの使い方あれこれ

「エディタ」ビューでの フォントサイズの変更

翻訳作業を行う「エディタ」ビューですが、デフォルトのフォントサイズのままだと人によっては小さいと感じる方がいるかもしれません。
ここでは「エディタ」ビューのフォントサイズを変更する手順をご紹介します。

表示フォントサイズを変更する

02

[ファイル]リボン→[オプション]をクリックします。

01

デフォルト設定のまま[エディタ]ビューで表示すると、若干小さいと感じる方がいるかもしれません。このフォントの表示サイズを変更します。

03

ツリーメニュー[エディタ]をクリックして展開し、[フォントの調整]をクリックします。

[フォントの調整]が表示されます。
デフォルトだと原文、訳文ともに**最小フォントサイズが「8」、最大フォントサイズが「12」**となっています。

04

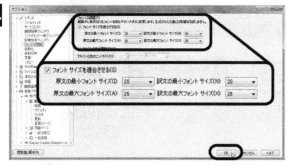

[**フォントサイズを適合させる**]にチェックを入れ、各
フォントサイズを変更します。
今回は原文、訳文ともに**最小フォントサイズを「20」**、
最大フォントサイズを「26」としました。

設定が済んだら[**OK]をクリック**します。

05

[**エディタ**]ビューを確認すると、フォントの表示サイ
ズが大きくなっていることがわかります。

一括翻訳の設定を変更する

プロジェクト作成時などに実行される「一括翻訳」では、100%マッチ（完全一致）やコンテキスト一致で見つかった
翻訳単位が自動的に挿入、確定されます。
この設定を変更することで、「一括翻訳」時の自動翻訳の精度をさらに細かく指定することが可能になります。

「整合ペナルティ」を「0」
にする

02

[ファイル]リボン→[オプション]をクリックして、ツ
リーメニュー[言語ペア]→[すべての言語ペア]→[翻
訳メモリと自動翻訳]→[ペナルティ]を選択します。

現在は[整合ファイルによるペナルティ]の値が「1」
になっていることがわかります。

01

[整合ペナルティ」が「1」になっていると、翻訳単
位が同じ場合でもマッチ率99%で挿入されることが
あります。
これは、**コンテキスト一致（原文フィールドの分節
と翻訳メモリの分節が完全に一致して、なおかつ1つ
前の分節も一致している状態）ではない場合に-1の
ペナルティが加算される**ことが原因です。

03

この[**整合ファイルによるペナルティ**]の値を「**0**」に
変更します。

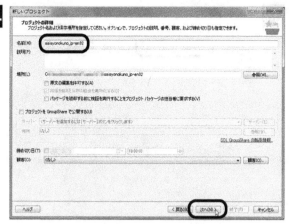

その設定で、P.38で作成した「saisyonokuno_jp-en」と同じ翻訳メモリ、用語ベースを使用して翻訳プロジェクトを新規作成します。今回はプロジェクト名を「**saisyonokuno_jp-en02**」としました。

正常に処理が[**完了**]したことを確認して[**閉じる**]をクリックします。

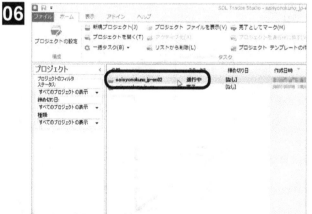

翻訳プロジェクト「**saisyonokuno_jp-en02**」が作成されました。

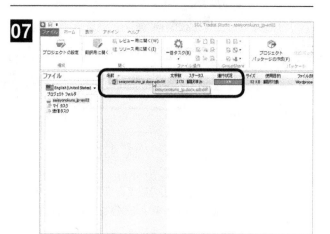

[**ファイル**]ビューに移動してXLIFFファイルを確認すると、[**進行状況**]が100%と表示されています。すべての分節が一括翻訳によって自動的に確定されたようです。

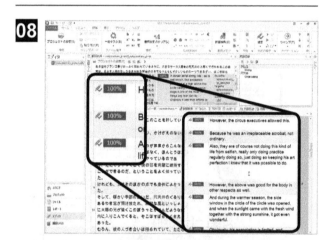

XLIFFファイルを開いて確認します。
[**整合ペナルティ**]の設定を変更する前は空白だった分節が、**完全一致（100%）で確定**されていることがわかります。

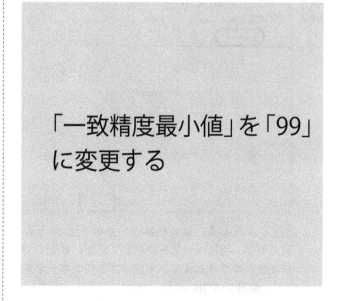

「一致精度最小値」を「99」に変更する

01

続いて[**一致精度最小値**]の設定を変更してみます。
とりあえず[**整合ペナルティ**]の値を「**1**」に戻しておきましょう。

02

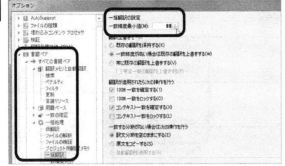

ツリーメニュー[**言語ペア**]→[**すべての言語ペア**]→[**一括処理**]→[**一括翻訳**]をクリックします。
[**一括翻訳の設定**]欄の[**一致精度最小値**]の値を「**99**」に変更します。
これで一括翻訳を実行した際に、**マッチ率が99%の翻訳単位も翻訳フィールドに挿入**されることになります。

03

<u>P.38</u>で作成した「saisyonokuno_jp-en」と同じ翻訳メモリ、用語ベースを使用して新規に翻訳プロジェクトを作成します。今回はプロジェクト名を「**saisyonokuno_jp-en03**」としました。

04

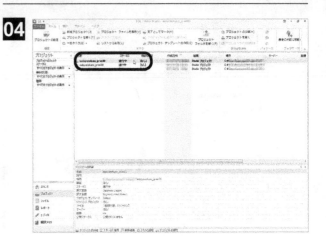

翻訳プロジェクト「**saisyonokuno_jp-en03**」が作成されました。

05

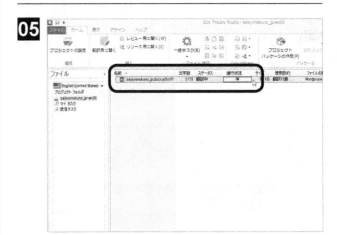

[**ファイル**]ビューに移動してXLIFFファイルを確認します。今回は[**進行状況**]が**0%**と表示されています。

06

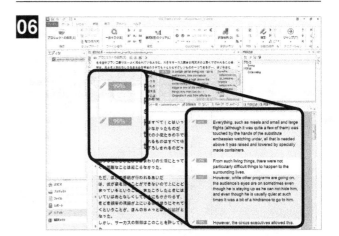

[**エディタ**]ビューで開いて確認します。
マッチ率が99%、未確定状態のまま翻訳単位が挿入されていることがわかります。

一括翻訳された分節を
ロックする

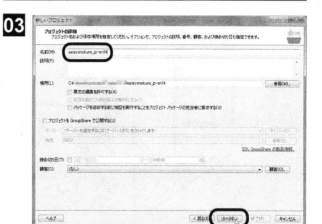

P.38で作成した「saisyonokuno_jp-en」と同じ翻訳メモリ、用語ベースを使用して新規に翻訳プロジェクトを作成します。今回はプロジェクト名を「**saisyonokuno_jp-en04**」としました。

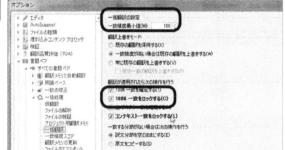

次は**一括翻訳された分節をロック**する手順です。
とりあえず[整合ペナルティ]の値を「**0**」に変更して100%一致（完全一致）でも分節が確定されるようにしておきます。

翻訳プロジェクト「**saisyonokuno_jp-en04**」が作成されました。

ツリーメニュー[**言語ペア**]→[**すべての言語ペア**]→[**一括処理**]→[**一括翻訳**]をクリックします。
[**一括翻訳の設定**]欄の[**一致精度最小値**]の値を「**100**」に戻し、さらに[**コンテキスト一致をロックする**]にチェックを入れます。

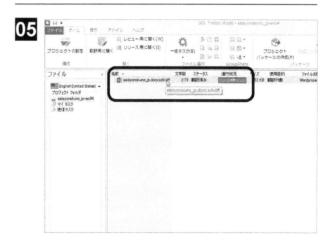

[**ファイル**]ビューに移動してXLIFFファイルを確認します。すると、[**進行状況**]が100%と表示されています。すべての分節が一括翻訳によって自動的に確定されました。

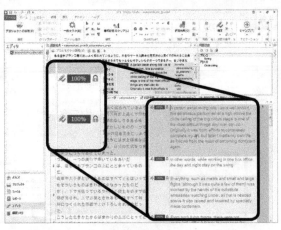

06

[エディタ]ビューで開いて確認します。

100%一致（完全一致）で確定された文節がロックされて半調表示されていることがわかります。

「訳語検索」で翻訳単位を検索する

ここでは「訳語検索」の機能を使って、翻訳メモリに登録された翻訳単位を検索する手順をご紹介します。
この機能を使うと翻訳作業中に別の候補を探す、同じ単語が使われている翻訳単位を探すなど、さまざまな状況にすばやく対応することができます。
また、用語エントリを「エディタ」ビュー上で直接登録することも可能です。

翻訳メモリを「訳語検索」する

02

[訳語検索]ウィンドウが表示され、検索語句を含む検索結果が一覧表示されます。その際、検索した語句が強調表示されていることがわかります。

01

[エディタ]ビューでの翻訳作業中に、検索したい語句を選択して**右クリック→[訳語検索]をクリック**します（今回は「**swing**」を検索しています）。

「エディタ」ビューから直接用語を登録

01

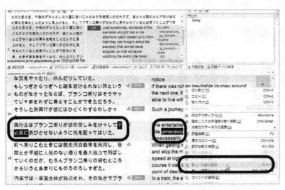

用語エントリの編集

[エディタ]ビューから直接用語ベースに用語を登録する手順です。[原文フィールド]上の用語（ここでは「不必要に」）を選択します。そのまま、[訳文フィールド]上で該当する用語（ここでは「unnecessarly」）を選択します。その状態で[右クリック]→[新しい用語の追加]をクリックします。

02

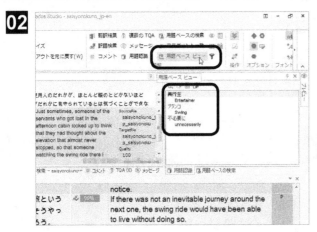

原文「不必要に」訳文「unnecessarly」が登録されました。
[ホーム]タブ→[用語ベースビュー]をクリックして確認しましょう。

01

次はこの用語エントリを編集してみます。
用語の右にある ✎ をクリックします。

03

[用語ベースビュー]が開き、選択した用語が表示されます。

02

ここでは「不必要に」→「不必要」と変更しました。

03

登録した用語を削除するには、上部にある **をクリック
ク**します。

レイアウトを変更

04

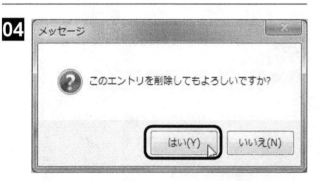

上のアラートが表示されますので**[はい]をクリック**
します。

01

用語ベースプレビューのレイアウトを変更すること
も可能です。左上にあるプルダウンをクリックして
[Default layout]→**[Flags layout]**を選択します。なお、
[Default layout]を使用するには**InternetExplorer 11
以上**が必要になります。

05

用語が削除されました。

02

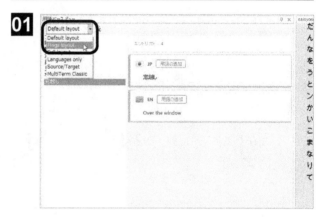

[Flags layout]を選択すると、SDL Trados Studio
2015以前のレイアウトで表示されます。

「プレビュー」機能を使って完成イメージを表示する

翻訳作業中に「原文ファイルを確認したい」「現段階の完成イメージを見たい」という場合があるかもしれません。
そのときは「プレビュー」機能を使用することによって、元のファイルもしくは完成イメージをプレビューすることができます。
なお、プレビュー機能に対応しているのは現状ではWord、PowerPoint、HTML、XML形式になります。

「プレビュー」機能を使用する

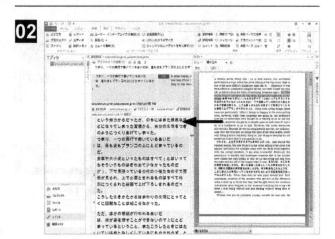

ウィンドウの幅に従って[**プレビュー**]の大きさが変わります。ドラッグによってサイズを変えることも可能です。

[**プレビュー**]機能を使用するには[**エディタ**]ビューで、画面右側にある[**プレビュー**]タブをクリックして、[**プレビュー**]ウィンドウを展開させます。

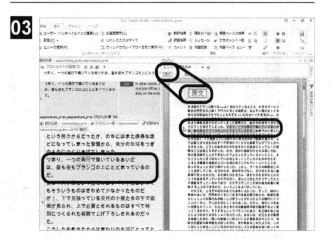

[**原文**]タブでは、原文のイメージが表示されます。原文フィールド上で**選択中の分節が強調表示**されます。

04

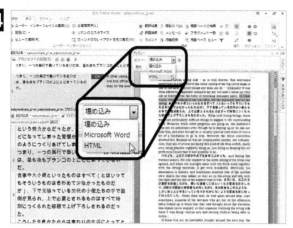

プレビューの種類を変更することも可能です。
[ビュー]をプルダウンして、[埋め込み]→[HTML]に
変更してみます。

01

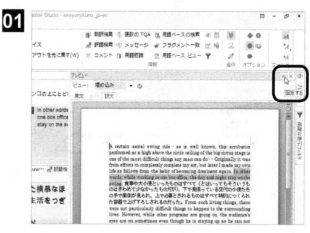

画面右上にある をクリックすると[プレビュー]
ウィンドウを固定することができます。

05

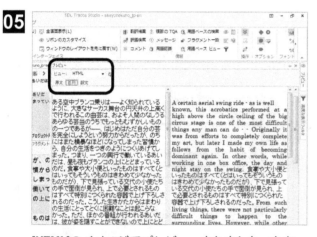

[HTML]のイメージでプレビューされました。なお、
[並列]タブを選択すると、原文と訳文のイメージが並
列表示されます。

02

[プレビュー]ウィンドウが固定されました。
同時に、ウィンドウの下に隠れていた原文、訳文
フィールドも表示されています。

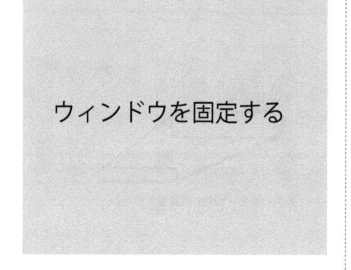

ウィンドウを固定する

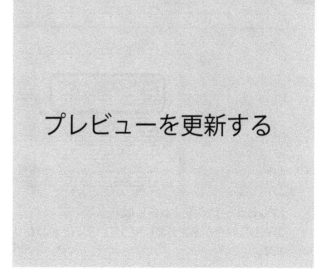

プレビューを更新する

01
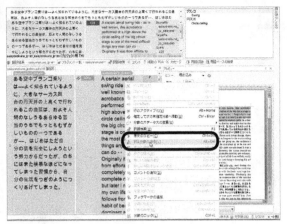

続いて[**プレビュー**]の更新です。
まず任意の訳文フィールドの上で**右クリック**→[**訳文分節の消去**]をクリックします。

表示倍率の変更

02
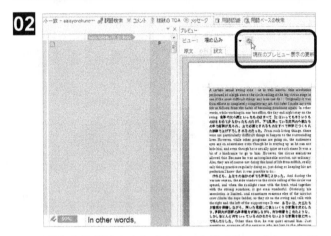

訳文分節が消去されました。[**プレビュー**]ウィンドウの右上にある🐭を**クリック**します。

01
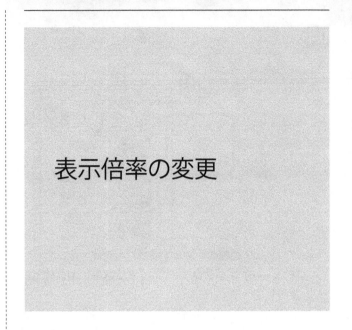

[**プレビュー**]の表示倍率を変更するには、ウィンドウ下部にあるプルダウンメニューから表示形式を選択します。

03
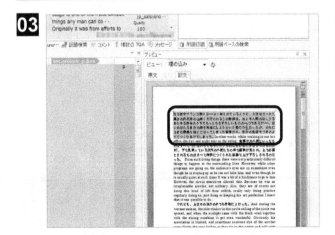

[**プレビュー**]が更新されました。
消去した箇所が原文分節に戻っていることがわかります。

02

表示倍率を「**50%**」に変更しました。

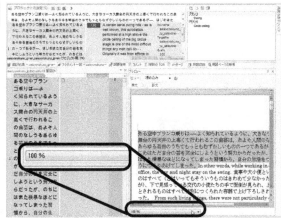

表示倍率を「**100%**」に変更しました。

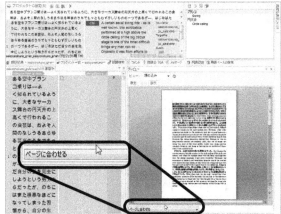

表示倍率を「**ページに合わせる**」に変更しました。

既存の翻訳メモリを編集する

次は既存の翻訳メモリ（.sdltmファイル）を操作する方法の紹介です。
翻訳メモリには登録された翻訳単位を変更したり、追加や削除を行うといった機能があります。また、条件を指定して翻訳メモリ内を検索することもできます。さらに、作成した検索条件を「フィルタ」として書き出し、別のメモリに流用することも可能です。
いったん登録した翻訳単位をクライアントの意向に従って変更する場合などに使用できます。

翻訳単位を編集する

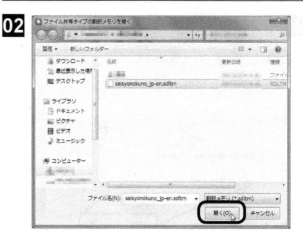

既存の翻訳メモリを選択して[開く]をクリックします。

まずは登録された翻訳単位を編集します。
[翻訳メモリ]ビューに移動し、既存の翻訳メモリを開きます。[翻訳メモリ]を右クリック→[翻訳メモリを開く]をクリックします。

実際に分節を変更していきます。
翻訳単位を変更するにはフィールド上で直接入力することになります。

04

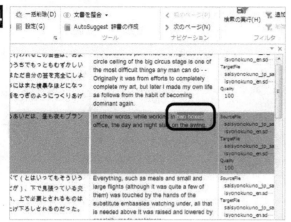

「**one box**」 → 「**two boxes**」 に変更しました。

05

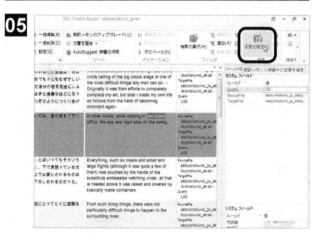

[ホーム]リボン→[変更の確定]をクリックします。

06

上のアラートが出ますので[はい]をクリックします。
これで翻訳単位の変更が確定されました。

07

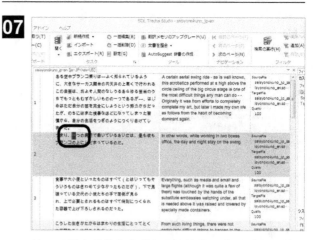

続いて原文分節も変更してみます。先ほどと同様、
変更したい箇所を選択します。

08

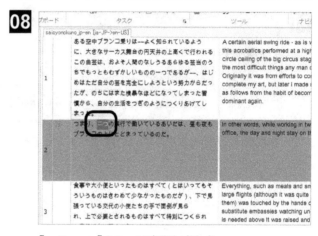

「一つ」 → 「二つ」 に変更しました。

09

[ホーム]リボン→[変更の確定]をクリックして変更を
確定しています。

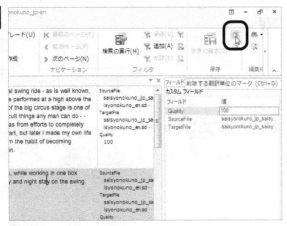

次は翻訳単位を削除してみます。
削除したいエントリを選択して[ホーム]リボン→ をクリックします。

上のアラートが出ますので[はい]をクリックします。

翻訳単位が削除されました。

翻訳単位を普通に検索する

次は翻訳単位を検索する方法をご紹介します。
とりあえず[ホーム]リボン→[ウィンドウのレイアウトを元に戻す]をクリックして、ウィンドウをデフォルトの状態に戻しておきます。

上のアラートが出ますので[はい]をクリックします。

03

ウィンドウのレイアウトが元の状態に戻りました。

検索条件を「フィルタ」と
して登録

04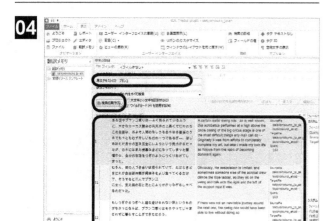

まずは普通の検索です。
**[原文テキスト]欄に「ブランコ」と入力して[検索の
実行]をクリック**すると、原文に「ブランコ」が含ま
れる翻訳単位が一覧表示されます。

01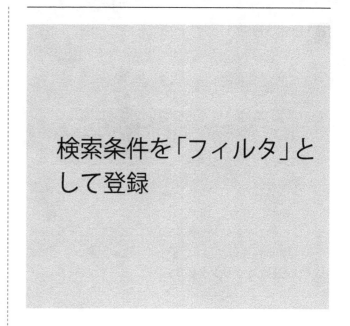

指定した検索条件を「**フィルタ**」として登録するこ
とが可能です。ウィンドウ右側の を**クリック**します。

02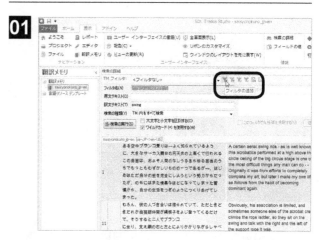

[フィルタ名]欄にフィルタの名前を入力します。今回
は「**swing**」と入力しました。

05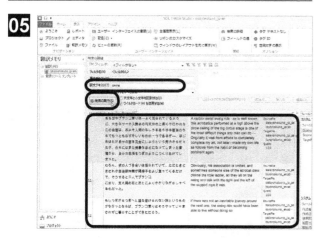

**[訳文テキスト]欄に「swing」と入力して[検索の実行]
をクリック**すると、訳文に「**swing**」が含まれる翻
訳単位が一覧表示されます。

03

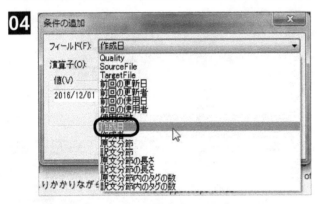

検索条件を追加していきます。ウィンドウ右側にある[追加]をクリックします。

04

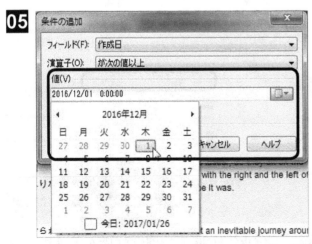

[条件の追加]ウィンドウが表示されますので、[フィールド]欄をプルダウンして[作成日]を選択します。

05

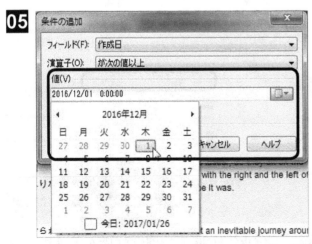

[演算子]欄をプルダウンして[が次の値以上]を選択し、[値]欄から日付を選択します。今回は「2016年12月01日」を選択しました。

06

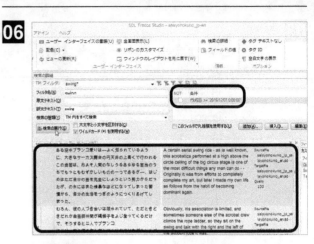

[検索の詳細]ウィンドウに戻ります。
[条件]欄に「2016年12月01日以降に作成した」翻訳単位という条件が表示され、該当する翻訳単位が検索されました。

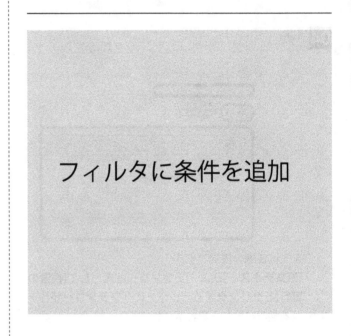

フィルタに条件を追加

01

次は作成したフィルタ「swing」に別の条件を追加してみます。
ウィンドウ右側の[追加]をクリックします。

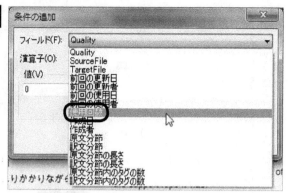

[条件の追加]ウィンドウが表示されます。
[フィールド]欄で[使用回数]を選択します。

[演算子]欄で[が次の値以上]を選択し、[値]欄に「1」
と入力して[OK]をクリックします。
これで「使用回数が1回以上の分節」という検索条件
が設定できました。

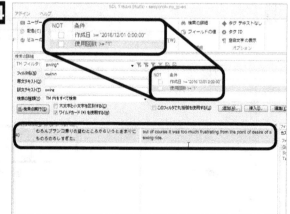

[検索の詳細]ウィンドウに戻ると、[条件]欄に作成し
た検索条件が追加されています。
これで「2016年12月01日以降に作成され、使用回数
1回以上の分節」という検索条件が作成されました。

[NOT]欄にチェックを入れると、条件を否定する意味
になります。今回は「2016年12月01日以降に作成さ
れ、使用回数が1回以上ではない（1回未満の）分節」
という検索条件になります。

作成した「フィルタ」を
エクスポート

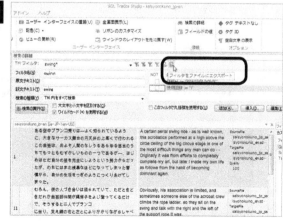

作成した検索条件は、ファイルとして**エクスポート
して、別の翻訳メモリにインポート**することも可能
です。まずは🖼をクリックします。

フィルタが未保存だった場合、上のアラートが出ますので[はい]をクリックしてフィルタを保存します。

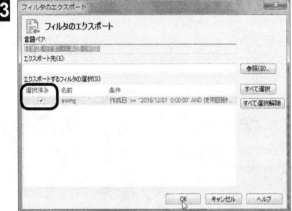

[フィルタのエクスポート]ウィンドウが表示されます。[エクスポートするフィルタの選択]欄でエクスポートするフィルタにチェックが入っていることを確認します。

フィルタの[エクスポート先]を決定します。ウィンドウ右側にある[参照]をクリックしましょう。

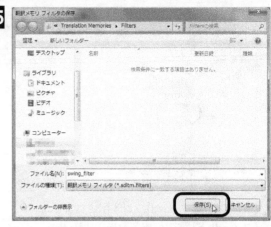

保存先フォルダを選択、ファイル名（今回は「swing_filter」）を入力して[保存]をクリックします。デフォルトの保存先は[マイドキュメント]→[Studio 2017]→[Translation Memories]→[Filters]になります。

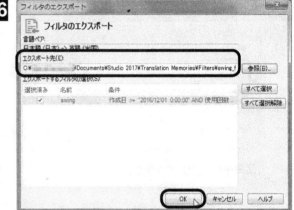

[エクスポート]欄に選択したフォルダが表示されていることを確認して[OK]をクリックします。

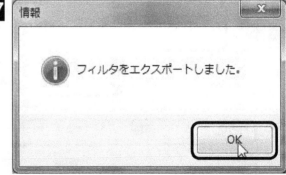

上のアラートが表示されますので[OK]をクリックします。

別のメモリにフィルタを
インポートする

03 既存の翻訳メモリを開いた状態で🔧**をクリック**します。

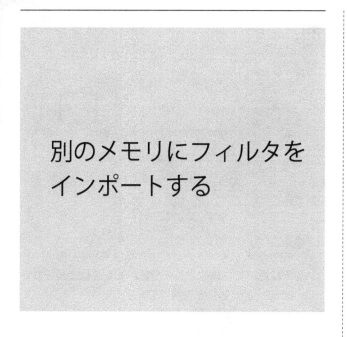

01 エクスポートしたフィルタを別のメモリにインポートします。**[翻訳メモリ]**ビューに戻り、開いているメモリを閉じます。表示されている翻訳メモリの上で**右クリック→[リストから削除]をクリック**します。

04 インポートするフィルタを選択して**[開く]をクリック**します。

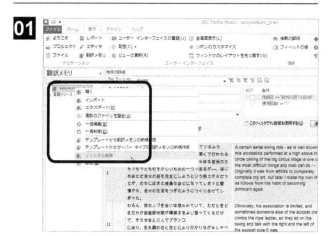

02 上のアラートが表示されます。
フィルタはすでにエクスポート済みですので**[いいえ]をクリック**して進みます。

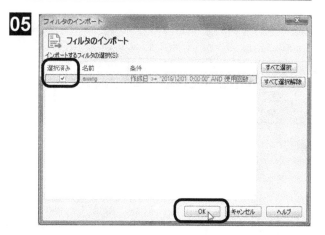

05 **[フィルタのインポート]**ウィンドウにフィルター覧が表示されます。
インポートするフィルタにチェックが入っていることを確認して**[OK]をクリック**します。

06

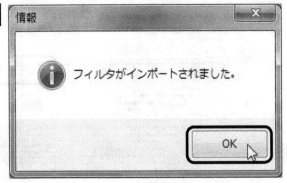

上のアラートが出ますので[OK]をクリックします。

09

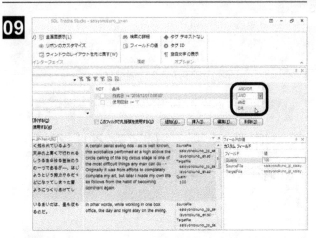

右側のプルダウンメニューから[AND]→[OR]（2016年12月01日に作成された分節、**もしくは**使用回数が1回以上の分節）を選択できます。

07

[翻訳メモリ]ビューに戻ります。
[検索の条件]ウィンドウの[フィルタ名]欄をクリックしてプルダウンすると、インポートされたフィルタ名が表示されます。

08

インポートされたフィルタが[条件]欄に表示されます。正しくインポートされているかを確認します。

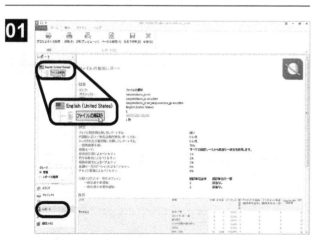

翻訳ファイルを解析する

SDL Trados Studio 2017には翻訳対象ファイルを解析してレポートする機能もあります。
翻訳メモリを使用して翻訳箇所の割合や文字数を調べたり、翻訳不要箇所の割合を出すなど、翻訳料金を算出するのに
便利な機能です。この機能を使うと、クライアントへ見積りを提出する際の手間を大幅に短縮できます。

翻訳対象ファイルを解析

02

[ファイルの解析レポート]が表示されます。
翻訳対象ファイルの解析結果が表示されます。[完全
一致]や[コンテキスト一致]など、項目ごとに[文字数]
や[パーセント]が表示されていることがわかります。

01

P.38で作成した翻訳プロジェクト「saishonokuno_
jp-en」を選択した状態で[レポート]ビューに移動し、
左上の[レポート]欄にあるツリーメニュー[ファイル
の解析]をクリックします。

03

[一括翻訳]を選択すると、[翻訳済み]、[更新]や[変更
なし]などの項目、各項目の[合計]に対する[文字数]
や[パーセント]など、[一括翻訳]による翻訳結果のレ
ポートが表示されます。

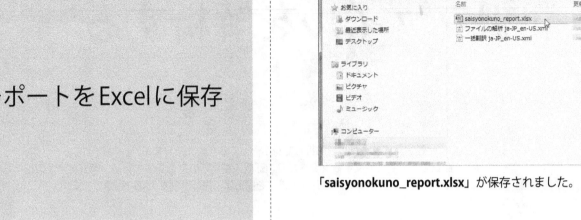

レポートをExcelに保存

「**saisyonokuno_report.xlsx**」が保存されました。

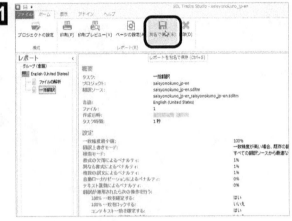

ファイルの解析や一括翻訳などのレポートは**Excel ファイルとして保存**することもできます。
ツリーメニュー [**一括翻訳**]を選択した状態で[**ホーム**] リボン→[**別名で保存**]をクリックします。

[**レポート**]ビューで表示されたレポートがそのまま Excelで保存されています。
このファイルを翻訳の見積りとしてクライアント様 に提出することも可能です。

保存先フォルダを選択、ファイル名（今回は 「**saisyonokuno_report**」）を入力して[**保存**]**をクリッ ク**します。

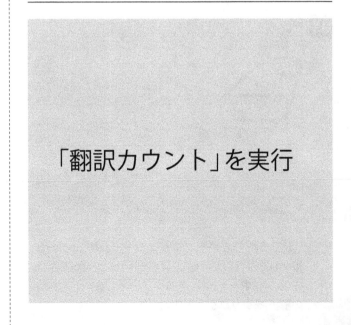

「翻訳カウント」を実行

01 [翻訳カウント]を実行します。この機能はプロジェクトの進行状況を把握するのに便利です。
[プロジェクト]ビューで該当のプロジェクトを**右クリック**→[一括タスク]→[翻訳カウント]をクリックします。

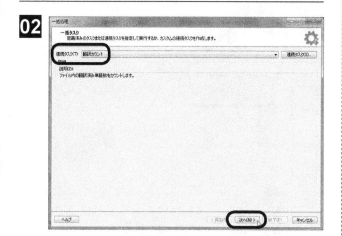

02 [連続タスク]欄で[翻訳カウント]が選択されていることを確認して[次へ]をクリックします。

03 [次へ]をクリックします。

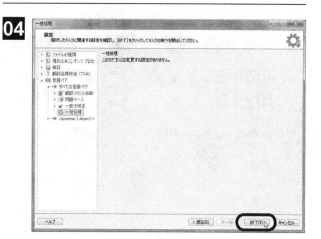

04 [終了]をクリックします。

05 [翻訳カウント]が完了したことを確認して[閉じる]をクリックします。

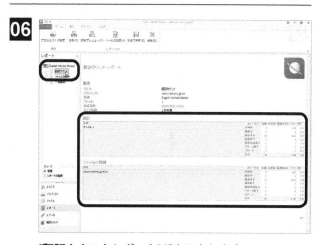

06 [翻訳カウントレポート]が表示されます。
上段にはプロジェクト全体の[翻訳カウント]の結果、下段には翻訳ファイルごとの[翻訳カウント]の結果が表示されます。

翻訳メモリに「分節規則」を設定する

SDL Trados Studio 2017では、言語ごとの原則に従って句読点やピリオド、タブなどを手がかりに原文分節が区切られます。
基本的にはデフォルトの設定のままで問題ありませんが、プロジェクトごとに細かく分節の切り方を設定（コロンや、ピリオドの後に半角スペースがない場合は分節を続ける。など）することも可能です。会社ごとのハウスルールに従って翻訳メモリに分節規則を作成することができます。

デフォルトの分節規則を確認

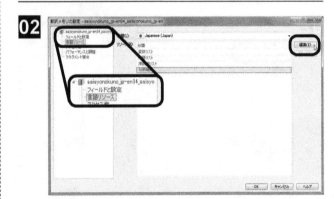

ツリーメニュー **[言語リソース]**→**[分節規則]**を選択した状態で**[編集]**をクリックします。

まずはデフォルトで設定されている分節規則を確認します。
[翻訳メモリ]ビューで任意の翻訳メモリを開き、ファイル名の上で**右クリック**→**[設定]**をクリックします。

[分節規則]ウィンドウが表示されます。
[規則]欄を見ると、デフォルトで2つの規則が設定されていることがわかります。
1つ目の規則を選択した状態で右側の**[編集]**をクリックして内容を確認します。

04

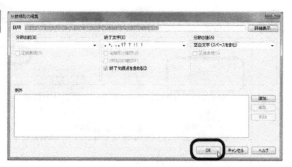

分節規則の内容が表示されます。
確認が終わったら[OK]をクリックして[分節規則]
ウィンドウに戻ります。

05

2つ目の規則を開いて内容を確認します。
確認が終わったら[OK]をクリックして[分節規則]
ウィンドウに戻ります。

新しい分節規則を追加

01

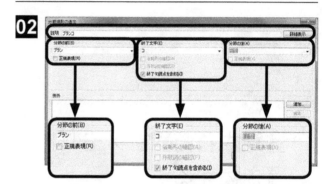

新しく分節規則を追加する手順です。
[分節規則]ウィンドウの右側にある[追加]をクリック
します。

02

[分節規則の編集]ウィンドウで規則を設定します。
[説明]欄に「ブランコ」、[分節の前]欄に「ブラン」、[終
了句読点を含める]にチェック、[終了文字]欄に「コ」
と入力し、[分節の後]欄を[任意]としました。

03

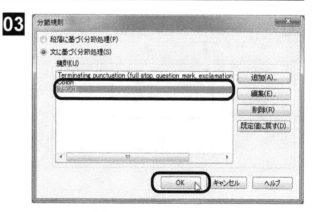

設定した分節規則「ブランコ」が表示されているこ
とを確認して[OK]をクリックします。
これで「ブランコの後で分節を区切る」という規則
が作成されました。

04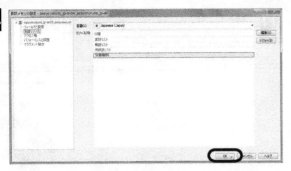

[翻訳メモリの設定]ウィンドウに戻りますので[OK]をクリックします。

登録された翻訳メモリを置き換える

01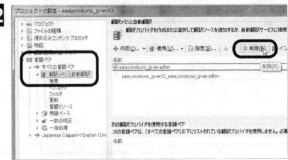

分節規則を設定した翻訳メモリを、プロジェクト（今回は「saisyonokuno_jp-en03」）に追加します。

[プロジェクト]ビューに移動し、「saisyonokuno_jp-en03」を選択した状態で[ホーム]リボン→[プロジェクトの設定]をクリックします。

02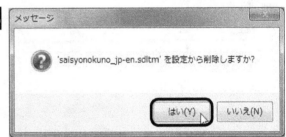

登録されている翻訳メモリを削除します。

ツリーメニュー [言語ペア]→[すべての言語ペア]→[翻訳メモリと自動翻訳]をクリックして[翻訳メモリと自動翻訳]欄を表示します。

削除する翻訳メモリ（今回は「saisyonokuno_jp-en.sdltm」）を選択した状態で[削除]をクリックします。

03

上のようなアラートが表示されますので[はい]をクリックします。

04

分節規則を設定した翻訳メモリをプロジェクトに追加します。

[使用]をクリックして、プルダウンメニューから[ファイル共有タイプの翻訳メモリ]をクリックします。

05

分節規則を設定した翻訳メモリを選択して[**開く**]を
クリックします。

08

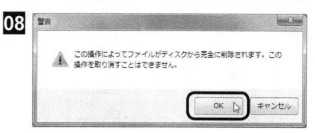

[OK]を**クリック**します。

06

プロジェクトに翻訳メモリが追加されました。[**OK**]
を**クリック**して進みます。

09

続いて原文言語と訳文言語を切り替えます。
English (United States) ▼ をプルダウンして ● Japanese (Japan) を
選択します。

07

現在登録されているXLIFFファイルを削除します。
[**ファイル**]ビューに移動して該当のXLIFFファイル（こ
こでは「**saisyonokuno_jp.docx.sdlxliff**」）を**右クリッ
ク**→[**ファイルの削除**]を**クリック**します。

10

原文言語に切り替わりました。
先ほどと同様に該当のXLIFFファイルを**右クリック**
→[**ファイルの削除**]を**クリック**します。

11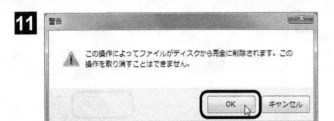

[OK]をクリックします。

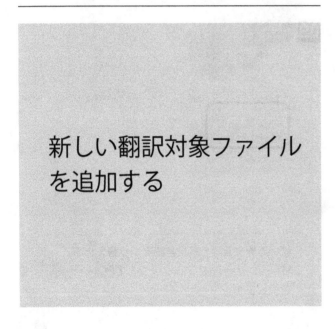

新しい翻訳対象ファイル
を追加する

01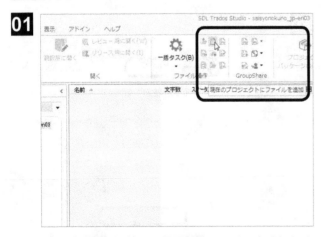

プロジェクトに新しい翻訳対象ファイルを追加します。[ホーム]リボン→[現在のプロジェクトにファイルを追加]をクリックします。

01

新しい翻訳対象ファイル（今回は削除したファイルと同一の「**saisonokuno_jp.docx**」）を選択して[**開く**]をクリックします。

02

[**ファイル**]ビューに追加された翻訳対象ファイルはWord形式（.docx）のままですので、XLIFFファイルに変換します。該当ファイルを**右クリック→[一括タスク]→[準備]**をクリックします。

03

[終了]をクリックします。

04

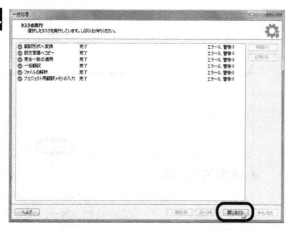

[一括処理]が正常に実行されたことを確認して[閉じる]をクリックします。

05

[ファイル]ビューに戻り、XLIFFファイルが生成されていることを確認します。 Japanese(Japan) をプルダウンして、 English(United States) 側にもXLIFFファイルが生成されていることを確認してください。

06

XLIFFファイルを[エディタ]ビューで開きました。「ブランコ」の後ろで分節が切られていることが確認できます。

07

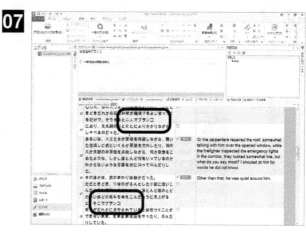

[エディタ]ビューをスクロールして、他の分節も「ブランコ」の後ろで切られていることを確認します。

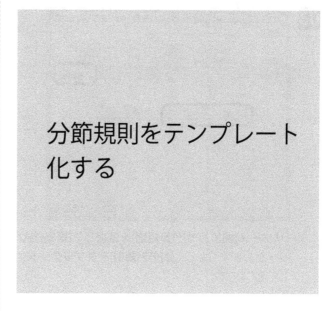

分節規則をテンプレート化する

01

作成した分節規則を「**テンプレート**」として書き出し、他のメモリに流用する手順です。

[**翻訳メモリ**]ビューに移動し、[**翻訳メモリ**]欄にある[言語リソーステンプレート]を右クリック→[新しい言語リソーステンプレート]をクリックします。

[新しい言語リソース テンプレート]ウィンドウが開きます。[言語]欄をプルダウンして分節規則を設定する言語を選択します。今回は[Japanese (Japan)]を選択しています。

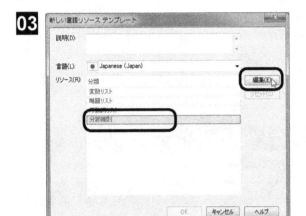

[リソース]欄にある[分節規則]を選択して[編集]をクリックします。もしくは[分節規則]をダブルクリックしてもOKです。

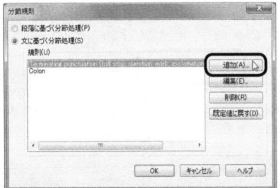

[分節規則]ウィンドウが開きます。
画面右側にある[追加]をクリックします。

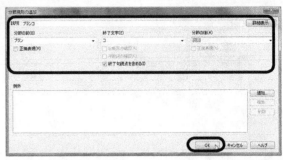

[分節規則の追加]ウィンドウが表示されますので、P.76で設定した分節規則「ブランコ」と同じ内容をもう一度設定します。設定が終わったら[OK]をクリックします。

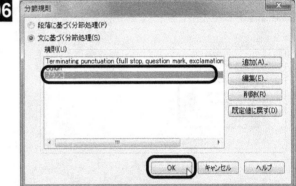

[分節規則]ウィンドウに分節規則「ブランコ」が表示されていることを確認して[OK]をクリックします。

テンプレートの保存先フォルダを選択、テンプレート名を入力（今回は「swing」としました）して[保存]をクリックします。なお、テンプレートファイルの拡張子は.sdltm.resourceです。

08 [翻訳メモリ]ビューに戻ります。[翻訳メモリ]欄に言語リソーステンプレート「**swing**」が追加されました。

02 既存の翻訳メモリを選択して[開く]をクリックします。この翻訳メモリをもとに、分節規則を適用するメモリを新規に作成していきます。

テンプレートを翻訳メモリに適用する

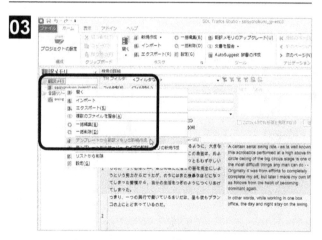

03 開いた翻訳メモリの上で**右クリック→[テンプレートから翻訳メモリの新規作成]をクリック**します。

01 作成された分節規則のテンプレートを翻訳メモリに適用します。今回は既存の翻訳メモリをもとに、新規作成した翻訳メモリに分節規則を適用していきます。
[翻訳メモリ]ビューに移動し、[翻訳メモリ]欄の[翻訳メモリ]を右クリック→[新しいメモリを開く]をクリックして既存の翻訳メモリを開きます。

04 翻訳メモリ名（今回は「**swingTemplate**」）、保存場所、原文言語、訳文言語を設定して[次へ]をクリックします。なお、原文言語と訳文言語はもとの翻訳メモリと同じになります。

05

[次へ]を**クリック**します。

06

[テンプレート]欄の[参照]を**クリック**します。

07
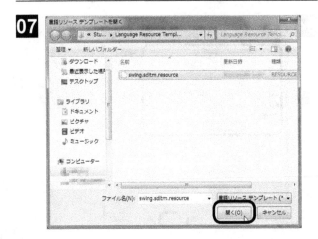

P.81で作成した分節規則のテンプレート「**swing. sdltm.resource**」を選択して[開く]を**クリック**します。

08

[新しい翻訳メモリ]ウィンドウに戻ります。
[テンプレート]欄をクリックすると、テンプレート「**swing**」が選択できるようになりました。

09

「**swing**」を選択して[終了]を**クリック**します。

10

[翻訳メモリの作成]が正常に完了したことを確認して[閉じる]を**クリック**します。

11

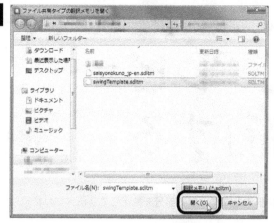

作成された翻訳メモリ「**swingTemplate.sdltm**」を選択して**[開く]**を**クリック**します。

02

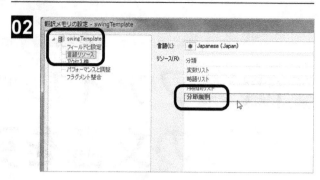

ツリーメニューを展開して**[言語リソース]**を選択し、**[分節規則]**を**ダブルクリック**します。

設定された分節規則を
確認する

03

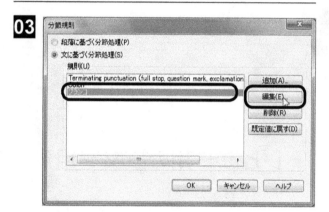

[分節規則]ウィンドウが開きます。
規則一覧に追加された分節規則「**ブランコ**」を**ダブルクリック**で開いてみましょう。

01

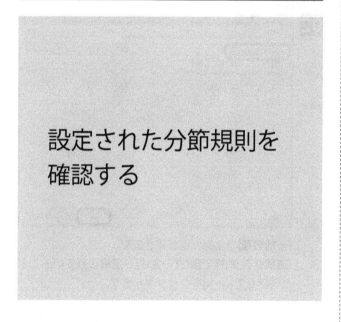

「**swingTemplate**」の上で**右クリック→[設定]**を**クリック**します。

04

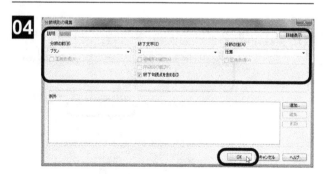

分節規則の内容が表示されます。
P.77で設定したとおりの規則になっていることが確認できました。

訳文ファイルから「レビュー済みの文書を更新」する

「レビュー済み訳文ファイルからの更新」の機能を使用すると、翻訳済み文書の変更部分を抽出して翻訳メモリに反映することが可能になります。
つまり「訳文のみで保存」した後の訳文に手動で変更を加えた場合、変更部分を自動的に翻訳メモリに反映することができる機能です。

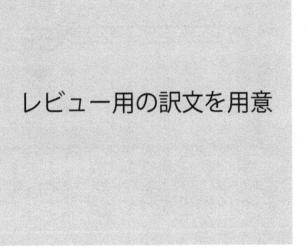

レビュー用の訳文を用意

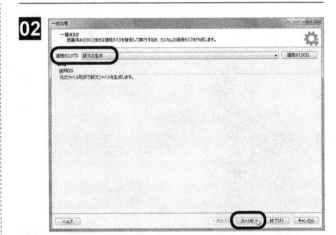

[一括処理]ウィンドウが開きます。
[連続タスク]欄で[訳文の生成]が選択されていることを確認して[次へ]をクリックします。

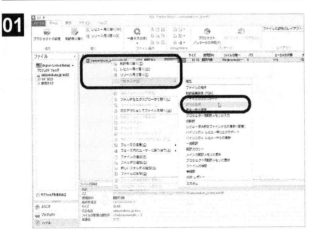

まずはレビュー用の文書を準備します。
作業済みのXLIFFファイル（今回は「**saisyonokuno_jp_docx.sdlxliff**」）を**右クリック**→[**訳文の生成**]を**クリック**します。

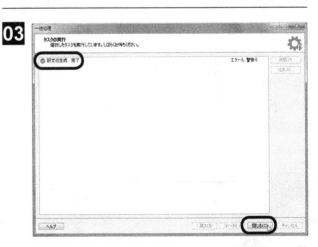

[**訳文の生成**]が正常に[**完了**]したことを確認して[**閉じる**]を**クリック**します。

[はい]をクリックして、生成した文書が保存された
フォルダを開きます。

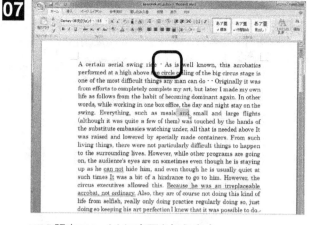

この訳文ファイルに変更を加えます。
「as」→「As」に変更しました。

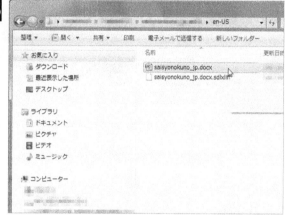

生成された訳文ファイル「**saisyonokuno_jp.docx**」
をダブルクリックで開きます。

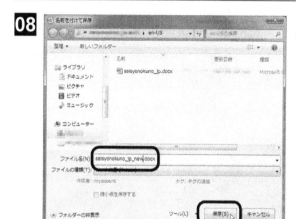

変更を加えた文書を保存します。
別名で保存（「**saisyonokuno_jp_new.docx**」）します。

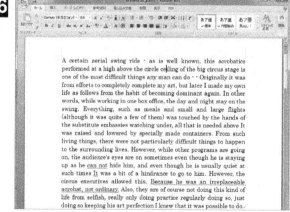

英語に翻訳済みであることが確認できました。

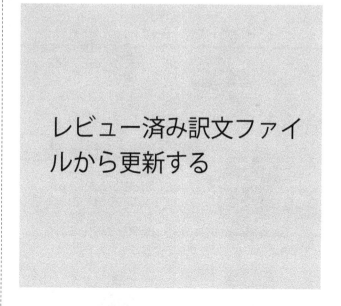

レビュー済み訳文ファイルから更新する

01

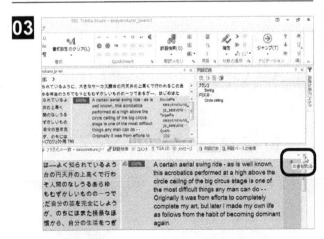

まずは「saisyonokuno_jp_docx.sdlxliff」を右クリックします。ですが、[一括タスク]の先は[ファイルのエクスポート]と[カスタム]以外に選択できない状態です。

02

これを解消するために、まずはこのファイルを[エディタ]ビューで開きます。
「saisyonokuno_jp_docx.sdlxliff」を右クリック→[翻訳用に開く]をクリックします。

03

「saisyonokuno_jp_docx.sdlxliff」が開きました。
右上の ✕ をクリックして文書を閉じます。

04

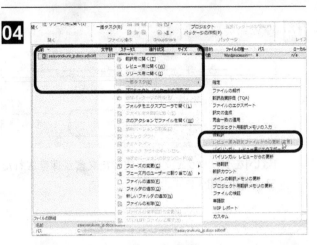

再び[ファイル]ビューで「saisyonokuno_jp_docx.sdlxliff」を右クリックします。
[一括タスク]→[レビュー済みや区分ファイルからのファイルからの更新（変更）]をクリックします。

05

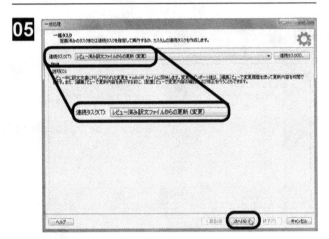

[一括処理]ウィンドウが開きます。
[連続タスク]欄に[レビュー済み訳文ファイルからの更新（変更）]が選択されていることを確認して[次へ]をクリックします。

06

画面左上の[追加]をクリックして、プルダウンメニューから[特定のレビュー文書]を選びます。

07

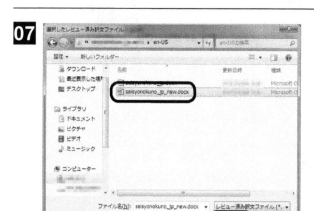

レビュー用の訳文ファイル（P.86で作成した「saisyonokuno_jp_new.docx」）を選択して**[開く]を**クリックします。

08

[終了]をクリックします。

09

[閉じる]をクリックします。

10

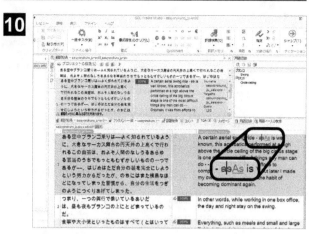

[エディタ]ビューで再びXLIFFファイルを開きます。**変更を加えた箇所の色が変わっている**ことがわかります。

文書内の変更を反映

01

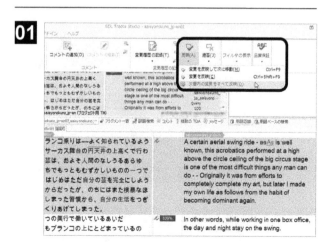

今はまだ翻訳単位が保留の状態なので、レビューされた箇所を確定するために**[ファイル]**リボン→**[反映]**→**[文書内の変更をすべて反映]をクリック**しましょう。

02

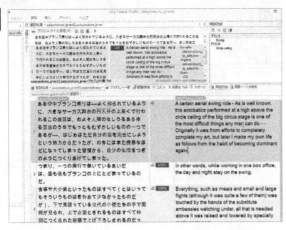

保留部分の翻訳単位が確定されました。

プロジェクトのパッケージを作成する

翻訳作業は必ずしも1人だけで完結するとは限りません。
大きな案件になると作業期間も長期になり、翻訳者、クライアントから翻訳会社など複数人の手に渡る可能性が高くなります。
そういった際の対応として、SDL Trados Studio 2017では「進行中の翻訳プロジェクトをパッケージ化して別の人に渡す」機能が用意されています。

プロジェクトのパッケージを作成

02

[プロジェクトパッケージの作成]ウィンドウが開きます。
パッケージ化するファイルにチェックを入れ、[次へ]をクリックします。

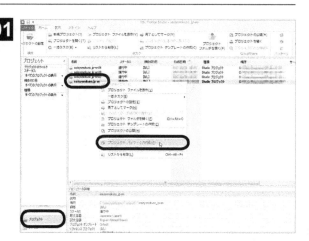

01

翻訳プロジェクトをパッケージ化する手順です。
[プロジェクト]ビューに移動し、パッケージ化するプロジェクトを右クリック→[ホーム]リボン→[プロジェクトパッケージの作成]をクリックします。

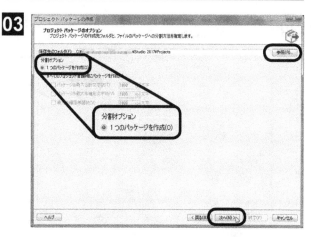

03

[保存先のフォルダ]欄の右側にある[参照]をクリックします。[分割オプション]欄では[1つのパッケージを作成]にチェックを入れ、[次へ]をクリックします。

04

[名前]欄にファイル名を入力（今回は「**saisyonokuno_
jp-en**」）し、内容を確認して[**次へ**]を**クリック**します。

05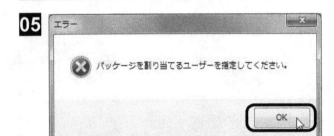

ところが上のようなアラートが出て先に進めません。
いったん[**OK**]を**クリック**して戻ります。

06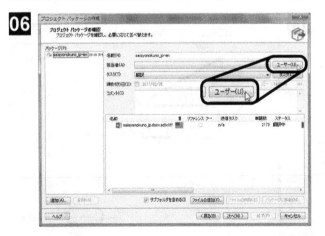

プロジェクトパッケージを作成するには、必ず[**担当
者**]を設定する必要があります。
[**担当者**]欄の右側にある[**ユーザー**]を**クリック**します。

07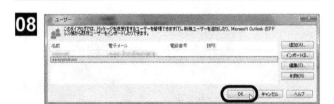

[**ユーザーの追加**]ウィンドウが開きますので、
[**名前**]欄にユーザー名を入力します。今回は
「**saisyonokuno**」としました。
それ以外は空欄で構いませんので、[**OK**]を**クリック**
します。

08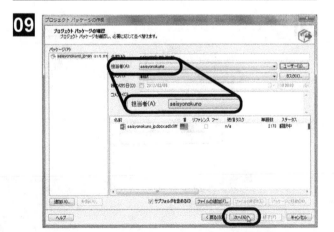

[**ユーザー**]ウィンドウが表示されます。
追加したユーザー名「**saisyonokuno**」が表示されて
いることを確認して[**OK**]を**クリック**します。

09

[**プロジェクトパッケージ**]ウィンドウに戻ります。
[**担当者**]欄をプルダウンして、追加したユーザー名
[**saisyonokuno**]を選択して[**次へ**]を**クリック**します。

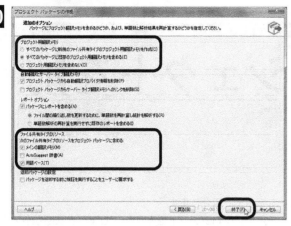

10

プロジェクトのオプションを選択します。

[**プロジェクト用翻訳メモリ**]項目では[**すべてのパッ
ケージに既存のプロジェクト用翻訳メモリを含める**]
にチェックを入れています。

[**ファイル共有タイプのリソース**]項目では[**メインの
翻訳メモリ**]と[**用語ベース**]にチェックを入れました。
登録された翻訳メモリと用語ベースをそのままパッ
ケージに含めることができるオプションです。

その他、必要に応じてオプションを選択します。

オプションを選択したら[**終了**]**をクリック**します。
なお、これはあくまで例の1つです。

11

[**パッケージの作成**]が実行されます。
正常に処理が[**完了**]したことを確認して[**保存先フォ
ルダを開く**]を**クリック**します。

12

パッケージが保存されたフォルダが開きます。プロ
ジェクトパッケージ（拡張子「**.sdlppx**」）が作成さ
れました。

!POINT パッケージ作成は Professionalのみ

ここで紹介した「プロジェクトパッケージ
を作成」は「Professional」エディションの
みで使用できる機能です。
「Freelance」「Starter」エディションでは「受
け取ったプロジェクトを返却する場合の返
却パッケージのみ作成可能」です。
つまり、翻訳会社やクライアント企業から
受け取ったプロジェクトパッケージを、作
業後に納品する場合にのみパッケージ作成
が可能になります。
その他の機能比較一覧はSDL社のHP（**http://
www.translationzone.com/jp/products/
trados-studio/editions-comparison.html**）
で確認できます。

プロジェクトのパッケージを作成する

93

作業済みのプロジェクトを削除する

ここでは翻訳作業が完了して不要になったプロジェクトを削除する手順をご紹介します。
SDL Trados Studio 2017は各種ツールが相関し合っているので、不用意にプロジェクトを削除してしまうと次回からアプリケーション自体が起動しなくなる恐れがあります。
プロジェクト削除は細心の注意を払って慎重に行ってください。

プロジェクトをリストから削除

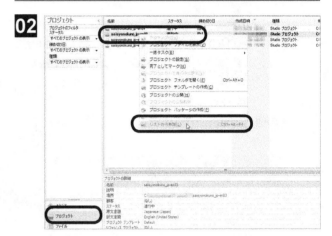

02 続いて[**プロジェクト**]ビューに移動し、削除するプロジェクト（今回は「**saisyonokuno_jp-en**」）を**右クリック→[リストから削除]をクリック**します。

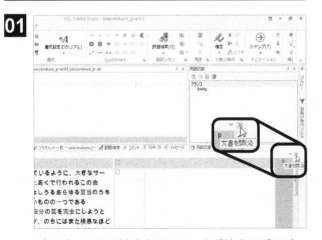

01 プロジェクトを削除するには、まず該当のプロジェクトをリストから削除します。
XLIFFファイルが[**エディタ**]ビューで開かれている場合は、画面右上の ✕ を**クリック**して閉じます。

03 [**はい**]を**クリック**します。

翻訳メモリを「リストから削除」

ツリーメニュー[**言語ペア**]を展開して[**すべての言語ペア**]→[**翻訳メモリと自動翻訳**]をクリックします。
[翻訳メモリと自動翻訳]欄で「**saisyonokuno_jp-en03_saisyonokuno_jp-en**」が見つかりました。

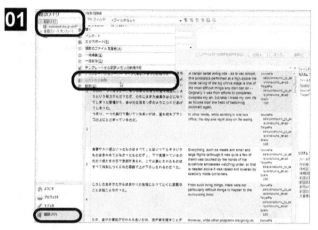

続いて翻訳メモリです。[**翻訳メモリ**]ビューに移動し、該当の翻訳メモリ（ここでは「**saisyonokuno_jp-en03_saisyonokuno_jp-en**」）を**右クリック**→[リストから削除]をクリックします。

「**saisyonokuno_jp-en03_saisyonokuno_jp-en**」を選択した状態で[**削除**]をクリックします。

先ほどの翻訳メモリが別のプロジェクトで使用されていないか確認する必要があります。[**プロジェクト**]ビューに一覧表示されている翻訳プロジェクトを**右クリック**→[**プロジェクトの設定**]をクリックします。

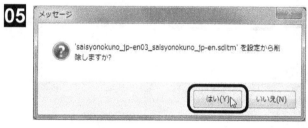

[**はい**]をクリックします。

06

プロジェクトから翻訳メモリが削除されたことを確認して[OK]をクリックします。

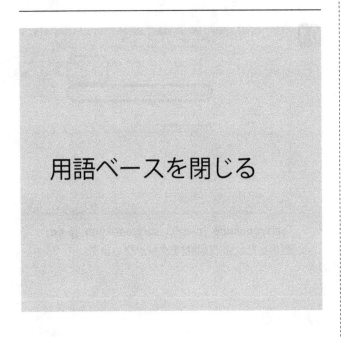

用語ベースを閉じる

01
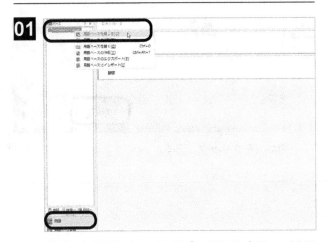

最後は用語ベースです。**SDL MultiTerm 2017 Desktop**を開き、[**用語**]項目を確認します。開いている用語ベース「**saisyonokuno_jp-en**」を右クリック→[**用語ベースを閉じる**]をクリックします

02

閉じただけで終わりではありません。次は[**ホーム**]リボン→[**用語ベースを開く**]をクリックします。

03

[**用語ベースの選択**]ウィンドウが開きます。表示されている「**saisyonokuno_jp-en**」を右クリック→[**このリストからローカル用語ベースを削除**]をクリックします。

04

用語ベース「**saisyonokuno_jp-en**」が一覧から削除されました。[**OK**]をクリックして[**用語ベースの選択**]ウィンドウを閉じます。SDL MultiTerm 2017 Desktopでの作業はこれで終わりです。

翻訳プロジェクト一式を削除

01

翻訳プロジェクトを削除します。
削除するプロジェクトフォルダを選択し、**右クリック→[削除]をクリック**します。

02

[はい]をクリックして削除完了です。

06
chapter

SDL Trados Studio 2017
同梱のアプリケーション

SDL Batch Find/Replace

XLIFFファイルを検索／置換できる「SDL Batch Find/Replace」のご紹介です。
作業中の翻訳対象ファイルから任意の単語や分節を検索／置換し、それをそのまま[エディタ]ビューで反映できるツールです。
○参考動画→https://vimeo.com/219139293
※パスワード：Yr87FzBx

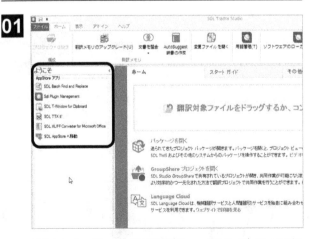

検索／置換する単語を選ぶ

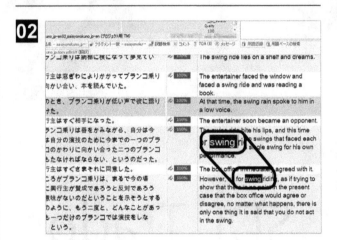

任意の翻訳対象ファイルを[**エディタ**]ビューで開き、検索／置換する単語を選びます。今回は「**swing**」を検索／置換することにします。

01

SDL Trados Studio 2017の[**ホーム**]タ ブ に はSDL Trados Studio 2017に同梱されているOpenExchangeアプリの一覧が表示されます。

[**ファイル**]ビューに移動し、翻訳対象ファイルの上で
**右クリック→[フォルダをエクスプローラで開く]を
クリック**します。

04

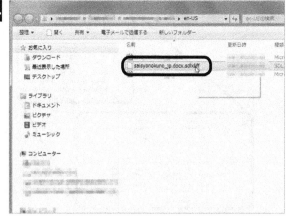

SDL Batch Find/Replaceで検索／置換（今回は
「**saisyonokuno_jp.docx.sdlxliff**」）するファイルが
エクスプローラーに表示されます。

02

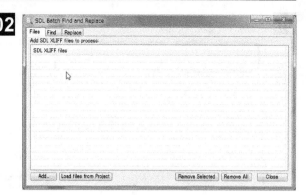

「**SDL Batch Find/Replace**」のインターフェイスです。

SDL Batch Find/Replace を使う

03

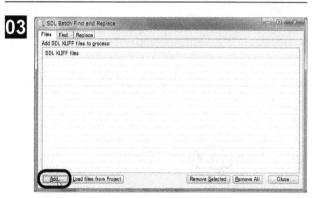

検索／置換対象のXLIFFファイルを選択します。
[Files]タブの左下にある**[Add]をクリック**します。

01

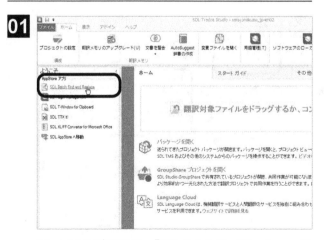

[ホーム]タブに戻り、「**SDL Batch Find/Replace**」を
クリックして起動します。

04

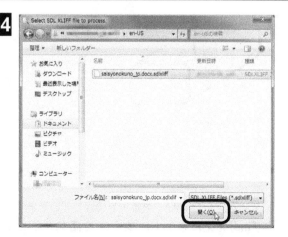

検索／置換対象のXLIFFファイルを選択して**[開く]**を
クリックします。ここでは「**saisyonokuno_jp.docx.
sdlxliff**」ファイルを選択しています。

05

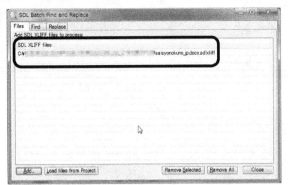

[SDL XLIFF files]欄に選択したファイルが表示されました。

02

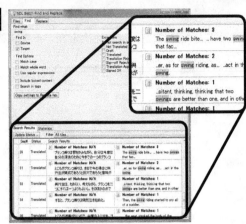

[Search Rresults]タブが表示されて、検索語句を含む分節が一覧表示されます。

「Find」タブで検索

03

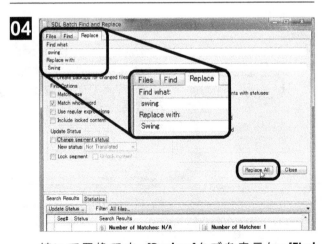

なお「Match whole word」にチェックを入れると、「swing」のみが検索され、「swings」などは除外されます。

01

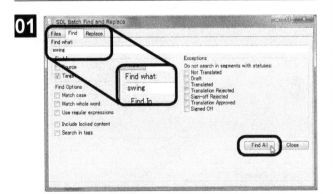

では選択したXLIFFファイルを検索していきます。
[Find]タブに移動し、検索する語句（ここでは「swing」）を入力します。
検索する語句を入力したら[Find All]をクリックします。

04

続いて置換です。[Replace]タブを表示し、[Find what:]欄に検索する語句（ここでは「swing」）、[Replace with:]欄に置換する語句（ここでは「Swing」）をそれぞれ入力して[Replace All]をクリックします。

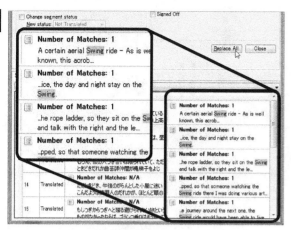

[Replace Results]が表示され、分節の置換結果が一覧表示されます。

XLIFFファイルの検索／置換が終わったら**[Close]**をクリックしてSDL Batch Find/Replaceを閉じます。

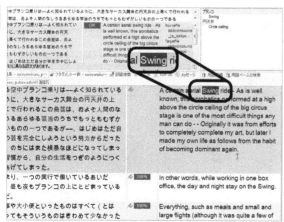

SDL Trados Studio 2017に戻り、**[エディタ]**ビューで翻訳対象ファイルを開くと、「**swing**」が「**Swing**」に置換されていることが確認できました。

SDL T-Window for Clipboard

次は「SDL T-Window for Clipboard」のご紹介です。
このアプリケーションを使うと、あらかじめ登録しておいた翻訳メモリをクリップボードの語句で検索し、翻訳中の対象ファイルにすばやく適用することができます。常駐型のアプリケーションなのでそのつど起動することなく使えます。
○参考動画→https://vimeo.com/219139300
※パスワード：Z4pLHdXk

SDL T-Window for Clipboardを使う

02

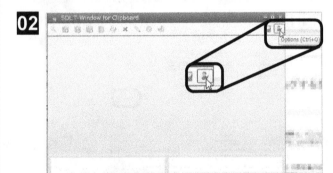

まずは画面右上の▣**をクリック**しオプション画面を開きます。

01

[ホーム]タブを表示し、「**SDL T-Window for Clipboard**」**をクリック**して起動します。

03

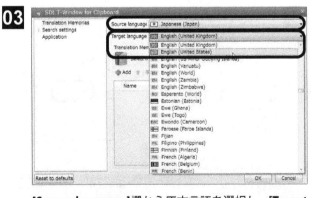

[Source language]欄から原文言語を選択し、**[Target language]**欄から訳文言語を選択します。
今回は原文言語に「**Japanese (Japan)**」、訳文言語に「**English (united States)**」を選択しています。

04

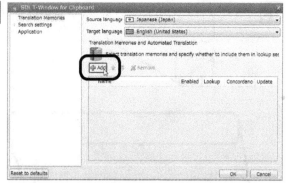

続いて翻訳メモリを取り込みます。画面中央にある
[Add]をクリックします。

05

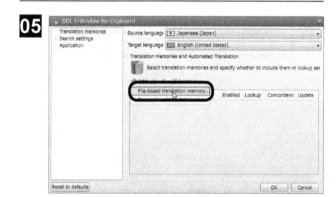

プルダウンメニューから[File-based translation
memory...]を選択します。

06

登録する翻訳メモリを選択して[開く]をクリッ
クします。ここでは「saisyonokuno_jp-en02_
saisyonokuno_jp-en.sdltm」を選択しています。

07

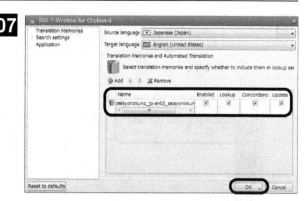

選択した翻訳メモリがSDL T-Window for Clipboard
に表示されました。すべての項目にチェックが入っ
ていることを確認して[OK]をクリックします。

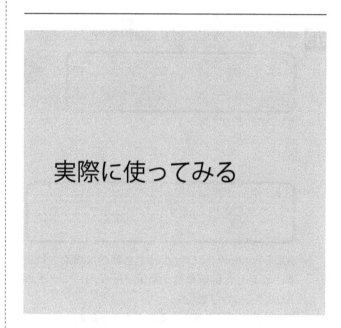

実際に使ってみる

01

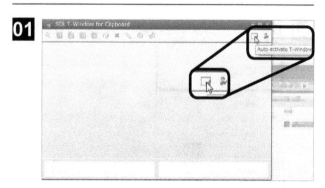

まずは⬚をクリックしてアプリケーションを常駐さ
せます。

02

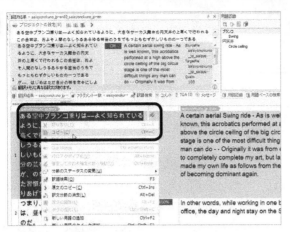

SDL Trados Studio 2017に戻り、**[エディタ]**ビューに
移動して検索する分節をコピーします。

03

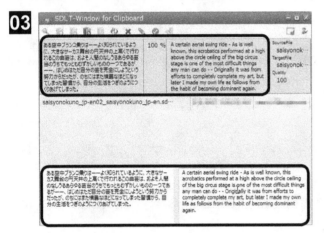

SDL T-Window for Clipboardで自動的に検索されま
す。検索した翻訳単位が翻訳メモリ内にマッチ率
100%で見つかりました。
下部で翻訳単位を修正することができます。

04

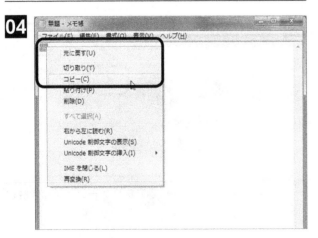

SDL T-Window for Clipboard上で新たに翻訳単位を
追加することも可能です。メモ帳で**「後」**という言
葉をコピーします。

05

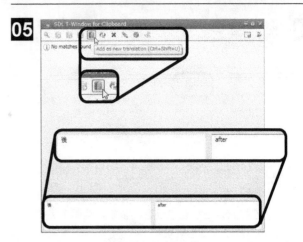

登録した翻訳メモリ内に**「後」**という語句を含む翻
訳単位は見つかりませんでした。
「後」の訳文**「after」**を入力し、**をクリック**します。

06

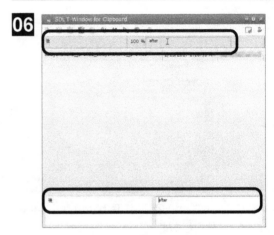

新たな翻訳単位が登録されました。

SDL T-Window for Clipboard を閉じる

01

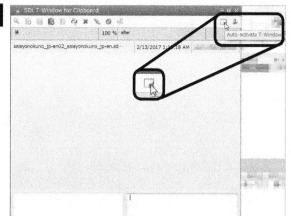

まずは**をクリック**してアプリケーションの常駐を解除します。

02

[Remove]をクリックして登録した翻訳メモリを削除します。

03

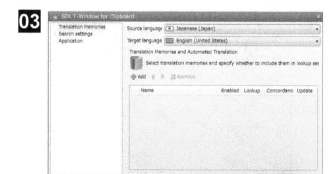

[OK]をクリックします。

04

最後に「**タスクトレイ**」からSDL T-Window for Clipboardを**右クリック→[EXIT]をクリック**してアプリケーションを閉じます。

SDL TTX It!

「SDL TTX It!」は（Wordなどの）原文ファイルを「Translator's Workbench」に対応したTTX形式に変換することができるアプリケーションです。外注先がSDL Trados Studio 2009以前のバージョンを使用している場合にこのアプリケーションを使用すると、互換性の問題をクリアできます。
○参考動画→https://vimeo.com/219139313
※パスワード：F2krhfAm

SDL TTX It!を起動する

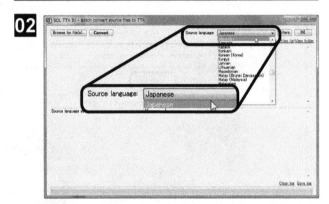

SDL TTX It!が起動しました。
[Source language:]欄のプルダウンメニューから原文言語を選択します。今回は**[Japanese]**を選択します。

01

[ホーム]タブに移動し「**SDL TTX It!**」をクリックして起動します。

03

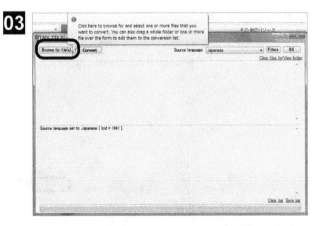

続いてTTXに変換する元ファイルを選択します。
[Browse for file(s)]をクリックします。

04

元ファイルを選択して**[開く]をクリック**します。ここでは「**saisyonokuno_jp.docx**」を選択しています。

05

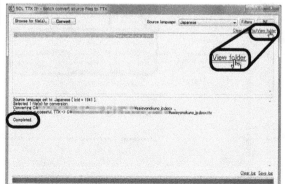

選択したファイル名が表示されていることを確認して**[Convert]をクリック**します。

06

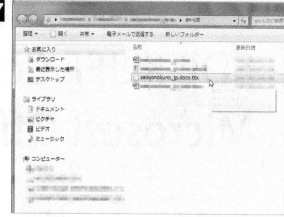

変換が実行されます。
「**Completed.**」と表示されれば変換完了です。
変換済みのTTXファイルを確認するには、画面右側にある**[View folder]をクリック**します。

07

変換済みのTTXファイル「**saisyonokuno_jp.docx. ttx**」が保存されたフォルダが開きます。

SDL TTX It!

109

SDL XLIFF Converter for Microsoft Office

「SDL XLIFF Converter for Microsoft Office」を使うと、XLIFFファイルをWordファイル（.docx）もしくはExcelファイル（.xlsx）に書き出し、さらにそのファイルをXLIFFファイルにインポートすることができます。

つまり、SDL Trados Studio環境を持たない翻訳者へ翻訳を依頼することが可能になります。

○参考動画→https://vimeo.com/219139319

※パスワード：gE2hqMaL

SDL XLIFF Converter for
Microsoft Officeを起動

SDL XLIFF Converter for Microsoft Officeが起動しました。

[ホーム]タブを表示し、「**SDL XLIFF Converter for Microsoft Office**」をクリックして起動します。

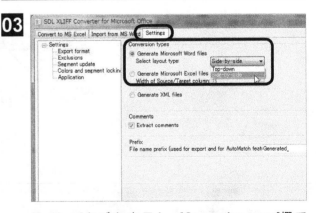

[**Settings**]タブを表示し、[**Conversion types**]欄で[**Generate Microsoft Word files**]にチェックを入れ、[**Select layout type:**]から[**Side-by-side**]を選択します。

04
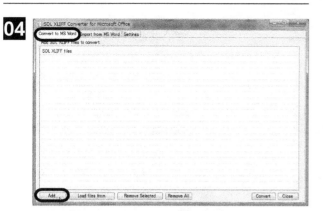

対象の翻訳ファイルを取り込みます。[**Convert to MS Word**]タブを表示して、[**Add**]**をクリック**します。

07

[**OK**]**をクリック**します。

05

対象の翻訳ファイル（今回は「**saisyonokuno_jp.docx.sdlxliff**」）を選択して[**開く**]**をクリック**します。

08
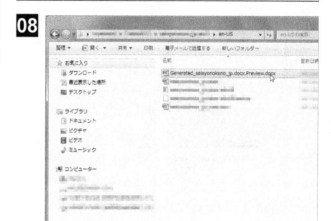

XLIFFファイルと同じフォルダにWordファイルが書き出されました。ファイル名の頭に「**Generated_**」が追加されます。

06

選択したファイルが表示されたことを確認して、右下の[**Convert**]**をクリック**します。

09

Wordファイルを開くと、表形式で左側に原文分節、右側に訳文分節で書き出されていることがわかります。翻訳確定済みの箇所と未確定のままの箇所が色分けされています。この未確定箇所に正しい翻訳を入力していきます。

Wordファイルに変更を加える

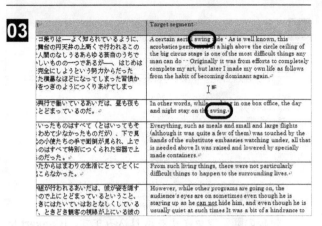

ちゃんと置換されていることがわかります。

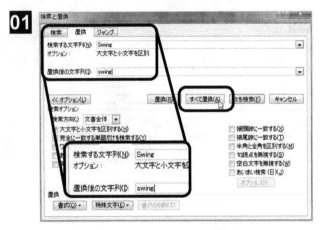

書き出したWordファイルに変更を加えます。
「**Swing**」を「**swing**」に置換しました。

変更済みのWordを Importする

正常に置換されたことを確認して**[OK]をクリック**します。

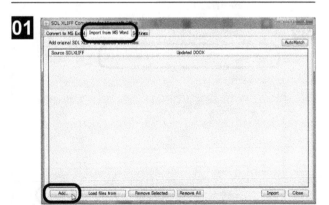

SDL XLIFF Converter for Microsoft Officeに 戻 り、**[Import from MS Word]**タブを表示、左下の**[Add]**を**クリック**します。

先ほどと同様、「**saisyonokuno_jp.docx.sdlxliff**」を
選択して[**開く**]を**クリック**します。

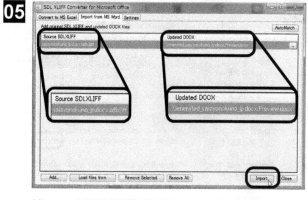

[**Source SDLXLIFF**]にXLIFF ファイル、[**Updated
DOCX**]にWordファイルが表示されていることを確認
して、右下の[**Import**]を**クリック**します。

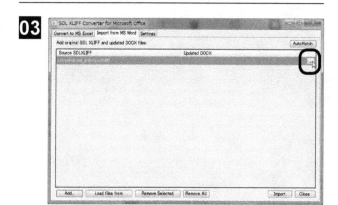

次は翻訳済みのWordファイルを選択しましょう。
右側にある▒を**クリック**します。

[**OK**]を**クリック**します。

 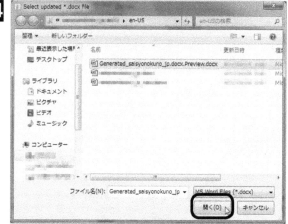

変更を加えたWordファイルを選択します。

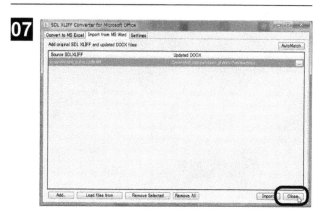

[**Close**]を**クリック**してアプリケーションを終了します。

08

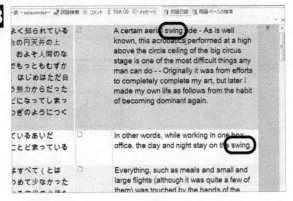

SDL Trados Studio 2017に戻り、XLIFFファイルを**[エディタ]**ビューで開きます。

Wordで入力した箇所が変更されていることがわかります。

アンケートにご協力ください

このたびは『Basic Operation for SDL Trados Studio 2017』をお買い上げいただきまことにありがとうございます。
私たち、「個人出版支援のFrentopia」では日々お客さまのご要望にお応えするための情報収集を行っております。
つきましては、大変お手数ではございますが下記URLよりアクセスいただき、1分程度の簡単なアンケートにご協力いただけると幸いです。

→http://www.frentopia.com/qa/

今後ともどうぞよろしくお願いします。

Basic Operation for SDL Trados Studio 2017

2017年7月3日　初版第1刷発行

著　者　　佐藤一平
発行者　　佐藤一平
発行責任者　住所等連絡先
　　　　　　〒194-0021
　　　　　　東京都町田市中町1-26-14-ボヌール鈴田407
　　　　　　http://frentopia.com
　　　　　　Mail: info@frentopia.com
　　　　　　TEL: 042-850-9694
印刷・製本　CreateSpace

万一、落丁乱丁のある場合は送料負担でお取り替えいたします。
上記記載の住所までお送りください。

免責事項：
本書ではできる限り、正確な情報を掲載するように努力していますが、掲載内容の正確性・安全性については保証するものではありません。本書の情報を利用した結果につきまして、当方は一切の責任を負いません。